Verena Steiner
Konzentration leicht gemacht

PIPER

Zu diesem Buch

Konzentration ist der Schlüssel für gute Leistung und persönliche Zufriedenheit. Doch die zunehmende Digitalisierung und Hektik des Alltags machen es immer schwerer, sich voll und ganz auf eine Sache zu konzentrieren. Oft sind wir nur halb dabei und lassen uns leicht ablenken, was rasch zu einer schlechten Gewohnheit werden kann.

Hier weiß die Expertin für Lern- und Arbeitsstrategien Verena Steiner Rat: In ihrem Buch erläutert sie die wirksamsten Methoden, wie wir uns vor den täglichen Ablenkungen schützen, für innere und äußere Ruhe sorgen, uns sammeln und unsere Aufmerksamkeit besser bündeln können. Die vielfältigen Ideen und Anregungen lassen das Buch zu einer wahren Fundgrube für alle werden, die ihre Konzentration spürbar steigern und sich bessere Gewohnheiten aneignen wollen – sei es im Studium oder im Berufsalltag.

Dr. Verena Steiner ist durch ihren Bestseller »Exploratives Lernen« als Autorin bekannt geworden. Die promovierte Biochemikerin entwickelte 1998 an der ETH Zürich das Programm »Lernen mit Lust!«. Nach einer Gastprofessur an der BOKU in Wien ist sie heute als freischaffende Autorin tätig. Für ihr Wirken wurde sie 2006 zur Ehrenrätin der ETH Zürich ernannt. Verena Steiner lebt in Zürich.

www.explorative.ch

René Lambert ist Grafiker und Illustrator. Er lebt in Zürich.

Verena Steiner

Konzentration leicht gemacht

Die wirksamsten Methoden
für Studium, Beruf und Alltag

Mit 24 Illustrationen von René Lambert

Mehr über unsere Autoren und Bücher:
www.piper.de

MIX
Papier aus verantwortungsvollen Quellen
FSC® C083411

Überarbeitete und erweiterte Taschenbuchausgabe
ISBN 978-3-492-30224-1
1. Auflage Oktober 2013
3. Auflage November 2019
© 2013 Piper Verlag GmbH, München, 2006 erschienen im Verlagsprogramm Pendo unter dem Titel »Sich besser konzentrieren heißt …«
Illustrationen: René Lambert
Umschlaggestaltung: semper smile, München
Umschlagabbildung: Emma Innocenti/Getty Images
Satz: Uhl + Massopust, Aalen
Gesetzt aus der TheSerif-Plain
Druck und Bindung: CPI books GmbH, Leck
Printed in the EU

Inhalt

Einleitung 7

Teil I: Das konzentrierte Tun vorbereiten
1 Sich vor Unterbrechungen schützen 17
2 Für äußere Ruhe sorgen 21
3 Innerlich zur Ruhe kommen 25
4 Einen kühlen Kopf bewahren 29
5 Sich intelligent organisieren 33
6 Die Primetime nutzen 37
7 Ein forderndes Nahziel setzen 41
8 Die Zeit begrenzen 45
9 Sich durch Visualisierung einstimmen 49
10 Mit einem inneren Ruck beginnen 53
  Das konzentrierte Tun vorbereiten –
  Schlussbetrachtung Teil I 57

Teil II: Ganz bei der Sache sein
11 Sich voll und ganz dem Tun zuwenden 69
12 Eins nach dem anderen tun 73
13 Souverän multitasken 77
14 Geistig flexibel bleiben 81

15 Interesse aufbauen 85
16 Ausdauer entwickeln 89
17 Sich rechtzeitig eine Pause gönnen 93
18 Flow anstreben 97
   Ganz bei der Sache sein –
   Schlussbetrachtung Teil II 101

Teil III: Mehr Konzentration in den Alltag bringen
19 Mails & Co. besser in den Griff bekommen 113
20 Mit sich allein sein können 117
21 Bessere Gewohnheiten etablieren 121
22 Das Know-how verbessern 125
23 Die Prioritäten klären 129
24 Die Kunst des Weglassens kultivieren 133
   Mehr Konzentration in den Alltag bringen –
   Schlussbetrachtung Teil III 137

Dank 145
Literaturhinweise und Anmerkungen 145

Einleitung

Je anspruchsvoller eine Tätigkeit, desto wichtiger ist die Fähigkeit zur Konzentration. Im heutigen digitalen Umfeld ist es jedoch schwieriger geworden, die Aufmerksamkeit gezielt zu bündeln. Wir sind oft mit vielem zugleich beschäftigt, sind leicht ablenkbar und gedanklich eher auf Überflug eingestellt. Fordert dann eine Aufgabe unsere volle Aufmerksamkeit und gilt es, ganz in eine komplexe Materie einzutauchen, mangelt es an Geduld und die Konzentration fällt uns schwer. Dies nicht ohne Grund, denn Konzentration ist nicht gleich Konzentration.

Kürzlich beklagte sich die Mutter eines 14-jährigen Jungen gänzlich entnervt bei mir: »Wenn er endlich an seinen Hausaufgaben sitzt, schafft er allerhöchstens fünf Minuten, doch vor dem Bildschirm, ja, dort kann er sich stundenlang auf seine Videogames konzentrieren!« Ich erklärte ihr, dass Konzentration beim Hausaufgabenmachen etwas ganz anderes sei und sich nicht mit der Konzentration beim Videospiel vergleichen lasse. Warum?

Videospiele oder Filme ziehen unsere Aufmerksamkeit beinahe magisch an. Die Konzentration stellt sich dabei von alleine ein und ist völlig mühelos. Der Reiz solcher Medien ist derart stark, dass wir unwillkürlich darauf reagieren und uns diesem Bann kaum entziehen können.

Ganz anders ist die Situation, wenn es um weniger attraktive Dinge, um Schwieriges oder Ungeliebtes geht – wenn wir uns beim Lernen von Vokabeln, beim Verfassen eines Berichtes oder bei einer öden Aufgabe im Büro voll konzentrieren müssen. Solche Dinge ziehen die Aufmerksamkeit alles andere als automatisch an: Sich bei derlei Aufgaben zu konzentrieren erfordert Übung und Willenskraft. Dies bedeutet für Ungeübte derart viel Anstrengung, dass sie oft gar nicht erst beginnen, und auch Geübtere müssen sich bisweilen überwinden, solcherlei Aufgaben anzugehen.

Doch keine Sorge, mit dem Wissen und dem Knowhow, das Ihnen dieses Buch vermittelt, können Sie die Anstrengung minimieren. Sie werden lernen, wie Sie die Aufmerksamkeit besser auf anstehende Aufgaben richten, Ablenkungen ignorieren und dranbleiben können.[1] Ihre mentale Stärke wird zunehmen und Sie werden sich in Zukunft auch bei weniger attraktiven Aufgaben gut konzentrieren können.[2]

Durch die Lektüre von »Konzentration leicht gemacht« können Sie lernen, wie Sie

- gut organisiert und motiviert beginnen
- den Grad der Konzentration anpassen und wissen, wann Multitasking drin liegt und wann nicht

- das konzentrierte Tun lieben und präziser und effizienter werden
- die Konzentrationsspanne ausbauen und öfter Flow erleben
- die Pausen mit gutem Gewissen genießen
- Verzettelung entgegenwirken und mehr Konzentration in den Alltag bringen
- Ihre Konzentrationsfähigkeit steigern und die konzentrierten Stunden nicht mehr missen wollen.

Sich konzentrieren können ist schön. Ob Sie sich ganz in eine einzige Sache vertiefen, ob Sie aufmerksam eins ums andere tun oder ob Sie souverän multitasken – jeder Modus hat seine eigene Qualität und seine ganz besondere Befriedigung, die entdeckt sein will.

Oft ist mangelnde Konzentration ganz einfach eine schlechte Gewohnheit und es gilt, sich bessere Verhaltensweisen anzugewöhnen. Erschwerend kommen im heutigen Umfeld Faktoren wie Unruhe, Hektik und Mangel an Schlaf, die tägliche Flut an Information und E-Mails sowie die Ablenkungen von Handys, Smartphones und Internet dazu.

Im Buddhismus wird ein wenig geübter Geist mit einem aufgeregten Affen verglichen, der sich schreiend von einem Ast zum nächsten schwingt. Diesen Affen in unserem Kopf gilt es zu zähmen und so zu trainieren, dass er ruhig in die Richtung schwingt, in die wir ihn haben wollen.

Der Weg zum Buch

Als ich 1998 an der Eidgenössischen Technischen Hochschule Zürich das Kursprogramm »Lernen mit Lust!« aufbaute, zeigten die ersten Evaluationen sogleich, worin sich die Studierenden verbessern wollen: ›Gedächtnis‹ war mit Abstand Wunsch Nummer eins, gleichauf gefolgt von ›Konzentration‹ und ›Effizienz‹.

Auch wenn ein besseres Gedächtnis an erster Stelle kam, ist der Wunsch nach besserer Konzentration zentral. Denn ohne Konzentration gibt es weder Lernen noch Gedächtnis und weder Effizienz noch gute Resultate.

Konzentration war stets auch ein wichtiges Thema in den Seminaren über Lern- und Arbeitsstrategien, die ich an der ETH Zürich, an der Universität für Bodenkultur (BOKU) in Wien und später auch in Unternehmen im In- und Ausland leitete. Ich konnte beobachten, wie es mit der Entwicklung der elektronischen Medien in wenigen Jahren immer schwieriger wurde, sich beim Lernen voll und ganz zu konzentrieren, mit Geduld dranzubleiben und sich nicht ablenken zu lassen. So hatten um 1998 noch längst nicht alle Studierenden Zugang zum Internet und Mobiltelefone waren noch sehr teuer. Die größte Versuchung zu jener Zeit war für viele das Fernsehen. Wenn die Simpsons auf dem Programm standen, war es um die Konzentration geschehen. Als sich dann Internet und Handys weiter verbreiteten, mussten neue Wege gefunden werden, um den zusätzlichen Ablenkungen zu widerstehen. So schrieb ein Student damals in einer Umfrage, in der ich nach den besten Lerntipps fragte: »Für ungestörte Prüfungsvorbereitung wieder im Elternhaus logieren. Sie haben noch keinen Internetzugang und fürs Essen wird auch gesorgt.« Diese Zeiten sind nun auch vorbei. Zwar ziehen sich Berufstätige heute ebenfalls gerne in die eigenen vier Wände zurück, um sich ungestörter auf eine wichtige Arbeit zu konzentrieren. Doch der steten Erreichbarkeit und dem Druck nach rascher Beantwortung der E-Mails können sie sich trotzdem nicht ganz entziehen.

2005/06 publizierte ich im Zürcher *Tages-Anzeiger* die monatliche Kolumne »Sich besser konzentrieren heisst...«. Die Texte erschienen am Ende als gleichnamiges kleines Buch, das raschen Absatz fand. Inzwischen hat sich das digitale Umfeld derart rasant entwickelt, dass eine erweiterte Neuausgabe notwendig wurde. Diese halten Sie nun unter dem neuen Titel »Konzentration leicht gemacht« in den Händen. Neu sind auch die Cartoons von René Lambert. Sie möchten zum kurzen Verweilen einladen und Sie ein wenig zum Schmunzeln bringen.

Das Buch hat ein klares Ziel: Es will Sie zu besserer Konzentration anregen und Ihnen aufzeigen, wie Sie dieses Vorhaben beim Lernen, bei der Arbeit im Büro und im Alltag anpacken und umsetzen können.

Nicht alles Tun erfordert dieselbe Konzentration und die Konzentration fällt uns auch nicht immer gleich schwer. In den kommenden Kapiteln erfahren Sie, wie Sie Ihre Aufmerksamkeit bei denjenigen Aufgaben besser bündeln können, bei denen Sie in puncto Konzentration Verbesserungsbedarf orten.

Was Sie im Folgenden erwartet

Angenommen, Sie wollen sich voll und ganz auf eine wichtige Aufgabe konzentrieren, merken aber, dass Sie gedanklich oft abschweifen und sich leicht unterbrechen lassen. Was lässt sich tun, um aufmerksam dranzubleiben und sich nicht ablenken zu lassen?

- In Teil I dieses Buchs erfahren Sie, dass sich die Konzentration auf eine bestimmte Aufgabe ein gutes Stück weit vorbereiten lässt. Sie lernen, wie Sie für innere und äußere Ruhe sorgen und sich intelligent organisieren können. Ein konkretes Nahziel gibt zudem den nötigen Schub und hilft, die Aufmerksamkeit zu bündeln.
- In Teil II geht es darum, *ganz* bei der Sache zu sein und eine Weile dranzubleiben. Sie erfahren weiter, wie Sie Interesse und Ausdauer entwickeln und geistig flexibel bleiben können. Wichtig ist zudem, sich rechtzeitig Pausen zu gönnen. Und schließlich sollen Sie auch das wunderbare Gefühl des *Flows* kennenlernen.
- In Teil III wird ein konzentrierter Lebensstil angestrebt, denn gute Konzentration beginnt im Alltag. Sie lernen, E-Mails wieder besser in den Griff zu bekommen und ab und an mit sich allein zu sein. Sie erfahren auch, was es heißt, bessere Konzentrationsgewohnheiten zu etablieren. Um der

Verzettelung zuvorzukommen, gilt es weiter, die eigenen Prioritäten zu klären und unwichtige Aktivitäten wegzulassen.

Ob Sie erst einmal für Ruhe sorgen (→ Kap. 2), die Primetime besser nutzen (→ Kap. 6) oder sich eine Pause gönnen wollen (→ Kap. 17): *Wo* Sie beginnen, spielt keine Rolle. Wichtiger ist, *dass* Sie etwas tun.

Jedes der insgesamt 24 Kapitel erläutert eine wirkungsvolle Strategie mit einer Vielfalt von Anregungen für die unterschiedlichsten Bedürfnisse. Diese sind von Mensch zu Mensch verschieden. Seien Sie deshalb selektiv und wählen Sie aus, was Sie für sich gebrauchen können. Experimentieren Sie mit den Ideen und beobachten Sie, was diese bei Ihnen bewirken.[3] Die Fragen zur Selbstreflexion am Ende jedes Kapitels werden Ihnen dabei behilflich sein. Auch die Schlussbetrachtungen am Ende von Teil I, II und III können für die Umsetzung der verschiedenen Strategien nützlich sein und Ihnen zusätzliches Hintergrundwissen vermitteln.

Ziel ist, dass Sie am Ende Ihr ganz persönliches Repertoire an wirkungsvollen Strategien beisammen haben und diese mehr und mehr auch nutzen.

Eine Maßnahme für sich genommen klingt oft ganz simpel, aber Sie werden sehen: Wenn diese geübt und bis zum Automatismus eingeschliffen ist, kann sie enorme Wirkung zeigen. So hat mir nach der Lektüre von »Sich besser konzentrieren heißt...« ein Student seine Powerstrategie, wie er es nannte, verraten: »Stell das Handy ab, vergiss den Computer und setz dich hinters Lehrbuch.«

Okay, packen wir es an. Ich wünsche Ihnen viel Spaß und Erfolg dabei!

Zürich, im Frühjahr 2013　　　　　　　　　Verena Steiner

Teil I

Das konzentrierte Tun vorbereiten

1 Sich vor Unterbrechungen schützen

Sie wissen, bei schwierigen Aufgaben dauert es eine ganze Weile, bis man gedanklich und gefühlsmäßig in der Thematik ist. Ob Sie sich auf eine Prüfung vorbereiten, ob Sie eine Kundenreklamation beantworten oder ob Sie die Jahresplanung vornehmen wollen: Der Geist muss sich zunächst in die Materie hineinversetzen. Auch auf der emotionalen Ebene braucht es eine gewisse Zeit zur Einstimmung.

Haben wir uns dann eingedacht und eingestimmt, wird die Ausdauer auf die Probe gestellt. Dranbleiben ist bei schwierigen und unangenehmen Aufgaben eine besondere Herausforderung. Wir bleiben beim Denken immer wieder mal stecken, wissen oder verstehen etwas nicht, haben Details vergessen, müssen Ideen verwerfen und erleben so eine Unzahl kleiner Misserfolge, die frustrierend und entmutigend sein können.

Kein Wunder also, dass der Anruf eines Kunden oder die Unterbrechung durch einen Kollegen in einem solchen Fall zur willkommenen Rettung werden. Doch jede abrupte Störung unterbricht den Fluss der Gedanken, löscht die Inhalte im Kurzzeitgedächtnis und macht, dass wir innerlich unruhig werden. Sich nach einer Störung erneut zu sammeln und die Konzentration wieder aufzubauen, dauert eine ganz Weile.

Eigentlich weiß es jeder: Bei schwierigen Aufgaben sollte man sich nicht unterbrechen lassen. Eine Aufgabe an einem ungestörten Ort zu erledigen braucht oft nur einen Bruchteil der sonst benötigten Zeit, und auch die Qualität der Ergebnisse ist besser. Ihre stete Erreichbarkeit mag für andere komfortabel sein, doch um Hervorragendes zu leisten, sind ungestörte Arbeitsstunden eine Notwendigkeit. Mehr noch, um sich ganz in eine komplexe Sache zu versenken, müssen Sie sich darauf verlassen können, dass Sie keiner unterbrechen kann. Bloß zu hoffen, dass Sie niemand stört, reicht nicht aus.

Damit Sie bei wichtigen Aufgaben nicht unterbrochen werden, sollten Sie

- die Aufgabe konsequent bei geschlossener Tür, in einem ruhigen Raum oder zu Hause angehen
- in der Agenda einen Termin dafür reservieren und ihn wenn nötig mit anderen absprechen

- das Handy ausschalten, das Telefon umschalten und sich die E-Mails nicht mehr ankündigen lassen
- »heilige Stunden« schaffen, d. h. täglich stets zur selben Zeit für 90 ungestörte Minuten sorgen (→ Kap. 6) und diese auch wirklich einhalten
- Randstunden für ungestörtes Arbeiten nutzen
- die Politik der geschlossenen und geöffneten Tür im Team/in der WG diskutieren und im Büro bestimmte Zeiten für den informellen Austausch (z. B. nach der Morgenpause, vor dem Mittagessen und vor dem Feierabend) einführen.

Ganz klar, wer das Telefon betreut, ein großes Projekt leitet oder viele Menschen führt, muss erreichbar sein. Doch wenn Sie es fertigbringen, sich täglich ein ungestörtes Zeitfenster zu schaffen und dieses für die anspruchsvollsten Aufgaben zu nutzen, können Sie sehr stark davon profitieren.

Dasselbe gilt fürs Studium – lassen Sie sich beim Lernen nicht stören! Sie werden sich besser vertiefen können und rascher vorwärtskommen – und dazu noch öfter das schöne Gefühl des Flows (→ Kap. 18) erleben.

ZUR SELBSTREFLEXION

1 Sind mir Unterbrechungen oft gar nicht so unwillkommen?
2 Habe ich das Gefühl, etwas zu verpassen, wenn ich nicht ständig erreichbar bin?
3 Bin ich bereit, meine ständige Erreichbarkeit zu hinterfragen und meinen anspruchsvollsten Aufgaben dieselbe Wichtigkeit zuzugestehen wie den Sitzungen, Seminaren und anderen Terminen, während deren ich auch nicht erreichbar bin?

2 Für äußere Ruhe sorgen

Eine der wichtigsten Voraussetzungen für gute Konzentration ist Ruhe. Keine störenden Geräusche, kein Lärm, sondern Stille. Gleichwohl herrscht oft gerade dort, wo Konzentration vonnöten wäre, die größte Unruhe: in den Hörsälen und in den Büros. Ein belebter Platz mag anregend sein, doch innere Sammlung und gute Konzentration bleiben auf der Strecke. Wie viel effizienter ließe es sich doch denken und arbeiten, wenn keiner spräche! Wie viel weniger Fehler würden passieren, wenn es so still wie in einer Bibliothek oder Kirche wäre und alle die Ruhe respektierten! Aber der Mythos, dass man sich trotz akustischen Beeinträchtigungen konzentrieren kann, hält sich hartnäckig in den Köpfen.

Eine ausweglose Situation? Mitnichten. Es gibt vielerlei Maßnahmen, die Sie für sich ergreifen können. Denn bei Ruhe lässt es sich nun mal leichter konzentrieren.

Natürlich sind nicht alle Aufgaben gleich anspruchsvoll. Routine – auch auf höherem Niveau – erfordert weniger Konzentration als Neuartiges. Ebenso spielt die eigene Einstellung zu den akustischen Störungen eine Rolle. Sie wissen: sich bloß nicht darüber ärgern, sonst wird man doppelt abgelenkt.

Um mehr Ruhe zu haben, können Sie

- für besonders anspruchsvolle Aufgaben einen stillen Platz aufsuchen
- eine Stunde früher ins Büro kommen, wenn es noch ganz ruhig ist
- verschiedene Arten von Gehörschutz ausprobieren wie z.B. Ohrenstöpsel, einen Gehörschutz zum Überstülpen sowie Kopfhörer, die Lärm elektronisch neutralisieren[4]
- auch für optische Ruhe sorgen; stets einen Bereich auf der Arbeitsfläche frei halten und den Computer bei Nichtgebrauch abschalten
- das Thema ›Ruhe‹ im Team zur Sprache bringen
- mit den Bürokollegen eine tägliche ›stille Phase‹ ausmachen und sie konsequent einhalten
- die Bedürfnisse der anderen respektieren und für

Telefonate und Besprechungen einen anderen Raum benutzen
- sich im Hörsaal ganz nach vorn setzen

Gerade unter wenig optimalen Bedingungen gilt es, sich ganz bewusst für gute Konzentration zu *entscheiden*. Ohne Ihren klaren Willen geht es nicht. Sie müssen sich wirklich konzentrieren *wollen*. Wenn Sie zusätzlich auch noch bessere äußere Bedingungen schaffen, erhöht sich Ihre Determiniertheit und die Fokussierung auf die Aufgabe verstärkt sich automatisch.

Störende Geräusche und Lärm bedeuten für den Organismus immer Stress. Selbst dann, wenn wir meinen, wir hätten uns daran gewöhnt. Die meisten Menschen sind sich dessen zu wenig bewusst. Wie sehr Lärm stressen und die Konzentration beeinträchtigen kann, merkt man erst, wenn wirklich einmal Stille herrscht. Sie können diese Stille herbeiführen, indem Sie Ohrenstöpsel nutzen oder die speziellen Kopfhörer ausprobieren, welche Geräusche elektronisch neutralisieren. Sobald Sie einen passenden Lärmschutz gefunden haben, werden Sie ihn nicht mehr missen wollen.

Sie werden sehen, dass Verbesserungen, die mehr Ruhe und weniger Störungen bringen, sehr viel bewirken. Die Effekte der verschiedenen Maßnahmen kumulieren sich und durch die gegenseitige Verstärkung ist die Gesamtwirkung oft um ein Vielfaches größer als die Summe der einzelnen Maßnahmen.

ZUR SELBSTREFLEXION
1. Welche alltäglichen akustischen Beeinträchtigungen stören meine Konzentration am meisten?
2. Neige ich zur Opferhaltung, wenn die äußeren Bedingungen nicht perfekt sind?
3. Wie und wo kann ich wirksam Abhilfe schaffen?

3 Innerlich zur Ruhe kommen

Vielbeschäftigte kennen innere Unruhe und Stress zur Genüge. Der Kopf ist voll und die Gedanken jagen sich wie eine Meute wilder Hunde. Der Geist scheint wie vom Körper abgekoppelt. Zwar sind wir physisch da, doch unsere Gedanken sind ganz woanders. In diesem Zustand zur Ruhe zu kommen ist schwer, denn im Stress ist der Organismus gierig nach immer neuen Inputs, nach Information und Sinnesreizen. Sie kennen das: beim Nachhausekommen eilends Messages und Post durchsehen, sogleich den Fernseher anschalten und hastig essen, statt sich erst einmal zu entspannen. Diesen Teufelskreis können Sie nur durchbrechen, wenn Sie sich bereits *im Voraus* auf eine andere Verhaltensweise besinnen.

Im Stress und bei innerer Unruhe ist es wichtig, sich von der Gier nach Neuem zu lösen, gedanklich auszuschwingen und zu sich selbst zu kommen. Die Aufmerksamkeit *nach innen* zu lenken. Es gilt, die Gedanken zu beruhigen, den Kopf zu leeren und dafür die Sinne zu aktivieren. Dies gelingt, wenn Sie die Aufmerksamkeit zunächst ganz bewusst auf den Atem und dann auf Ihren Körper richten.

Das Atmen verbindet die Außenwelt mit der Innenwelt, den Kopf mit dem Körper. Durch bewusste Wahrnehmung der Atmung lässt sich der Fokus *nach innen* richten. Achten Sie eine Weile aufmerksam auf Ihren Atem, und Sie spüren, wie sich die aufgewühlten Gedanken beruhigen und Sie allmählich zu sich selbst kommen. Richten Sie Ihre Aufmerksamkeit dann auf den Körper. Achten Sie auf verspannte Stellen wie die Kiefermuskulatur, die in Falten gelegte Stirn oder den steifen Nacken und entspannen Sie sich. Sie werden dadurch innerlich noch ruhiger und kommen wieder ins Hier und Jetzt zurück. Dies ermöglicht, die Sinne zu öffnen, die kühle Luft, die durchs Fenster strömt, zu spüren oder die Wolken am Himmel wahrzunehmen. Dadurch kommen Körper, Geist und Seele wieder ins Gleichgewicht. Sie werden *zentriert*. Sie gewinnen Abstand und können die Situation aus einer objektiveren Perspektive betrachten.

Um auf innere Ruhe umzustellen, braucht es bereits *im Vorfeld* den ganz konkreten Vorsatz. Sie können der Anspannung und inneren Unruhe entgegenwirken, indem Sie

- darauf achten, mit welchen Verhaltensweisen Sie Ihre Unruhe noch verstärken
- sich setzen, die Augen schließen und den Atem bewusst wahrnehmen: Wo und wie spüren Sie das Einatmen? Wo und wie spüren Sie das Ausatmen?
- sich zur Entspannung dehnen, strecken und gähnen, so viel Sie wollen
- Ihren Körper von den Füßen bis zum Kopf ›scannen‹ und registrieren, wo Sie Verspannung spüren, und versuchen, diese zu lösen
- einen kurzen Spazier- oder Botengang machen und dabei Ihre Aufmerksamkeit ausschließlich auf Ihren Atem oder Ihren Körper oder nur aufs Hören oder Riechen richten – immer mit dem Ziel, zu sich zu kommen und die innere Ruhe wiederherzustellen.

Innerlich zur Ruhe zu kommen ist Willens- und Übungssache. Wenn Sie aus den Übungen kleine Rituale machen, die stets auf dieselbe Art und Weise ablaufen, werden sie Ihnen leichterfallen. Und Sie werden wieder Herr oder Frau Ihrer Gedanken werden und rasch zu besserer Konzentration finden können.

ZUR SELBSTREFLEXION

1 Kenne ich – bei anderen und bei mir selbst – die Unruhe und Gier nach zusätzlichem Input im gestressten Zustand?
2 Wann und wo im Tagesverlauf ist meine innere Unruhe am stärksten?
3 Was gewinne ich (und meine Nächsten), wenn ich mir in einer solchen typischen Situation ein beruhigendes Ritual angewöhne?

4 Einen kühlen Kopf bewahren

Sowohl im Berufsleben als auch im Studium gibt es immer wieder unerwartete, scheinbar nicht zu bewältigende Aufgaben oder extreme Situationen. Oft kommt alles zusammen: der Bericht, der bis morgen fällig ist, der Ausfall der wichtigsten Mitarbeiterin, der Kunde, der bis zum Abend eine maßgeschneiderte Lösung erwartet, und der Computer, der auch noch Ärger macht. Oder das fünfhundertseitige Standardwerk, das bis zur Prüfung in zwei Wochen durchgeackert werden muss und bei jedem Anblick eine kleine Panik auslöst.

In solchen Situationen können wir buchstäblich unseren Kopf verlieren: Unter derartigem Stress werden nämlich die höheren Denkfunktionen des Großhirns, die wir fürs Koordinieren, Priorisieren und Organisieren unserer Gedanken brauchen, weitgehend ausgeschaltet. Dafür werden entwicklungsgeschichtlich ältere, primitive Regionen aktiviert und das Gehirn schaltet auf den *Survival Mode*.[5] Im *Survival Mode* reagieren wir impulsiv statt überlegt, wir verlieren die Umsicht und die geistige Flexibilität. Aktionismus, Tunnelblick und Schwarz-Weiß-Denken herrschen vor, und es ist, als würden wir von einem wilden Tier bedroht. Der *Survival Mode* machte für den Urmenschen Sinn, doch am heutigen Arbeitsplatz ist er kontraproduktiv. Kurzsichtige und falsche Entscheidungen und Fehler häufen sich und die geistige Leistungsfähigkeit nimmt drastisch ab. Selbst sehr Begabte erbringen im *Survival Mode* nicht die Resultate, zu denen sie eigentlich fähig wären.

Wenn Sie merken, dass Sie in einer Drucksituation in großen Stress geraten könnten, gilt es, dem *Survival Mode* zuvorzukommen, indem Sie einen kühlen Kopf bewahren und

- versuchen, umso ruhiger zu werden, je aufgeregter Ihre Umgebung ist
- einen Gang herunterschalten und ruhig atmen, zu sich kommen und Abstand gewinnen (→ Kap. 3)
- sich zwingen, einen Spaziergang zu machen oder joggen zu gehen und sich dabei bewusst zu entspannen
- für positive Emotionen sorgen und sich mit ei-

nem Kollegen oder einer Freundin besprechen, die Ihnen helfen können, die Dinge aus etwas Distanz zu betrachten
- gemeinsam brainstormen, wie die Sache angegangen werden kann
- Mut zur Lücke beweisen und nur das Allernötigste tun
- dem Problem durch intelligentes Organisieren (→ Kap. 5) und Priorisieren (→ Kap. 23) wann immer möglich zuvorkommen.

Selbst wenn Sie meinen, Sie müssten in der Krise sofort handeln, tun Sie gut daran, sich zuerst für ein paar Minuten zu beruhigen oder, noch besser, die Sache mit jemandem zu besprechen und zu überschlafen. Sie sollten bedenken, dass es nichts bringt, im *Survival Mode* Entscheidungen zu fällen, Diskussionen zu führen oder eine Sache anzugehen. Im *Survival Mode* fehlt die geistige Distanz, die es Ihnen erlaubt, die Dinge zu überblicken, das Wesentliche zu sehen und die Folgen von Entscheidungen und Aktivitäten abzuschätzen. Auch wenn alle um Sie herum den Kopf verlieren, sollten Sie sich nicht anstecken lassen. Schotten Sie sich ab und sorgen Sie für einen kühlen Kopf. Denn nur so können Sie sich beruhigen und sammeln, umsichtig denken, die richtigen Prioritäten setzen und sich auf die anstehenden Aufgaben voll und ganz konzentrieren.

ZUR SELBSTREFLEXION
1. In welchen Situationen schaltet mein Gehirn auf *Survival Mode*?
2. Ist mir bewusst, dass ich im *Survival Mode* oft das Falsche tue?
3. Mit welcher Maßnahme kann ich mich vorsehen, um in einer extremen Stresssituation das nächste Mal besser zu reagieren?

5 Sich intelligent organisieren

Konzentration steht und fällt mit guter Organisation. Wer sich klug organisiert, kann sich besser auf die einzelnen Aufgaben einstellen und sich voll darauf konzentrieren. Organisieren bedeutet im Voraus denken und vorbereiten. Dies verlangt, die Dinge zu überblicken und zu planen. Organisieren ist das, was wir tun, *bevor* wir etwas tun.

Aufgaben, die besondere Konzentration erfordern, wollen vorbereitet und auch zeitlich festgelegt sein. Intelligente Organisation geht indes noch weiter: Auch alle übrigen Vorhaben sollten einen Platz in der Agenda finden. So muss man nicht stets daran denken.

Es gilt, robuste Tages- und Wochenstrukturen zu schaffen, zu einem guten persönlichen Rhythmus zu finden und für produktive Routine zu sorgen. Dank Routine müssen Sie das Rad nicht jedes Mal neu erfinden. Sie sparen Zeit und Energie und können den Kopf frei halten, wenn es darum geht, sich auf Anspruchsvolles zu konzentrieren und sich ganz darauf einzulassen.

Sich intelligent organisieren ist eine *übergeordnete* Aufgabe. Es bedeutet, sich selbst zu managen, statt sich vom Tagesgeschehen und von spontanen Regungen treiben zu lassen. In einem dynamischen Umfeld ist die Gefahr, sich zu verzetteln, besonders groß. Deshalb sollten Sie selbst dann, wenn Sie gut organisiert sind, von Zeit zu Zeit Ihr Tun überdenken und Ihr bestehendes System wenn nötig modifizieren.

Für eine systematische Organisation sind drei Instrumente von besonderem Nutzen: die Aufgabenliste, der Wochenplan und die tägliche To-do-Liste.[6]

Wenn Sie sich besser organisieren wollen, sollten Sie

- zunächst – oder wieder einmal – eine vollständige Liste *aller* persönlichen und beruflichen Aufgaben anlegen – ob gewichtig oder nebensächlich, ob für morgen, für einen ganzen Monat oder für ein ganzes Jahr
- die Aufgabenliste ständig à jour halten
- die Aufgaben priorisieren, Unnötiges streichen und die Woche den Prioritäten entsprechend planen (→ Kap. 23 sowie Kap. 24)

- die kommende Woche bereits am Freitag planen
- für die Tagesplanung eine To-do-Liste machen
- dieselben Aufgaben wann immer möglich am selben Wochentag und zur selben Zeit ausführen
- für die schwierigsten Aufgaben die Primetime (→ Kap. 6) nutzen.

Eine Aufgabenliste zu erstellen mag auf den ersten Blick unnötig erscheinen. Es braucht Überwindung, denn es ist unangenehm und oft auch schmerzhaft, sich sämtliche Aufgaben – auch aufgeschobene und ausgeblendete – vor Augen zu führen. Doch am Ende ist es befreiend. Die Liste zwingt Sie, Ordnung zu schaffen und das Wichtige vom Unwichtigen zu unterscheiden. Wenn Sie die Dinge dann priorisieren, sehen Sie statt auf einen unüberwindlich scheinenden Berg in eine gut überblickbare Landschaft. Deshalb ist Priorisieren entscheidend!

Ein umsichtiger Wochenplan muss auf den gesetzten Prioritäten basieren. Er ist das A und O, wenn Sie Ihre Ziele erreichen und sich auf das Wesentliche konzentrieren wollen. Der Wochenplan schafft Überblick und schützt vor Verzettelung; er erleichtert die Tagesplanung und entlastet den Kopf. Die tägliche To-do-Liste entlastet weiter und sorgt dafür, dass nichts vergessen wird. So sind Sie frei und können Ihre Aufmerksamkeit voll und ganz auf Ihre jeweilige Aufgabe richten.

ZUR SELBSTREFLEXION

1. Kenne ich das gute Gefühl, wenn ich an nichts anderes denken muss und ich mich voll auf eine Aufgabe konzentrieren kann?
2. Bin ich bereit, eine ruhige Stunde zu opfern und eine umfassende Aufgabenliste zu erstellen?
3. Was ist der Nutzen, wenn ich mich während der nächsten vier Wochen konsequent organisiere?

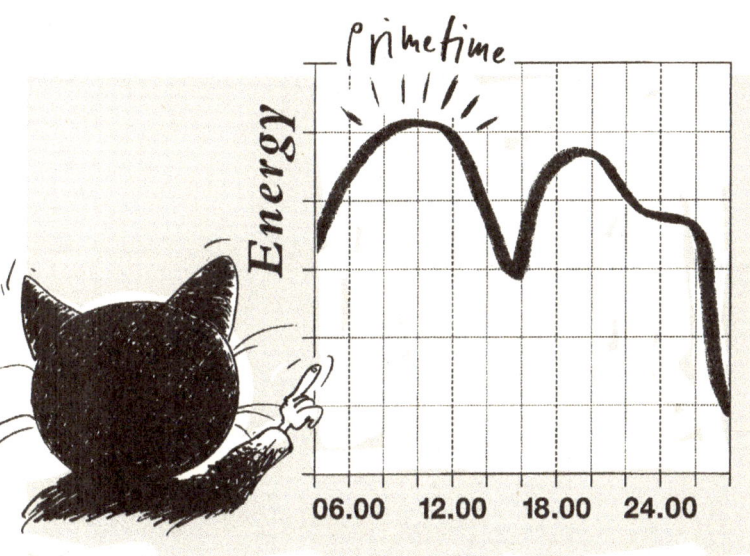

6 Die Primetime nutzen

Ihre Primetime ist die Tagesphase, in der Sie über die höchste Energie verfügen.[7] Die Primetime dauert zwei bis drei Stunden und beginnt beim einzelnen Individuum immer etwa zur selben Zeit. Morgenmenschen haben in der ersten Tageshälfte ihr großes Hoch, während Nachtmenschen erst später auf Touren kommen. Ganz egal, in welcher Tageszeit Ihre persönliche Primetime liegt: Der hohe Energiepegel während dieser Stunden sorgt für einen wachen Kopf, mehr Willenskraft als sonst, eine optimistische Stimmung und hohe Belastbarkeit.

Die Primetime ist *die* Zeit für diejenigen Aufgaben,

die unsere ganze Konzentration erfordern. Sei es, weil die Aufgaben besonders schwierig, neu oder ungewohnt sind oder auch, weil wir sie nicht gern tun.

Oft werden solche Aufgaben hinausgeschoben und wir wenden uns Dankbarerem zu: E-Mails checken, telefonieren, uns mit Kollegen besprechen oder anderen Lieblingsbeschäftigungen nachgehen. Im Verlaufe eines Tages, ganz gleich ob im Büro oder beim Lernen, nimmt die Ermüdung zu. Widmen wir uns erst gegen Tagesende den weniger geliebten Tätigkeiten, fällt uns die Konzentration umso schwerer. Das Ergebnis lässt dann oft zu wünschen übrig.

Wenn Sie Ihre Konzentration verbessern wollen, sollten Sie auf Ihren inneren Rhythmus, d.h. auf Ihre energetischen Hochs und Tiefs im Tagesverlauf achten und sich entsprechend organisieren. Versuchen Sie herauszufinden, *welches die optimale Tageszeit* für die jeweiligen Tätigkeiten ist. Überlassen Sie die Reihenfolge Ihres Tuns nicht einfach dem Lustprinzip oder äußeren Umständen. Achten Sie darauf, dass Sie Ihre Primetime für diejenigen Dinge nutzen, die schwierig sind oder die Sie aus irgendwelchen Gründen nicht so gerne tun.

Um Ihre Primetime besser zu nutzen, sollten Sie
- ein paar Tage auf den Energiepegel achten und versuchen, die Primetime sowie kleinere Hochs und auch Tiefs zu erkennen
- versuchen, die Tageskurve Ihrer Energie abzuschätzen und aufzuzeichnen

- die Erkenntnisse mit anderen diskutieren und die unterschiedlichen Erfahrungen austauschen
- sich klarmachen, welche Aufgaben besondere Konzentration oder besonders viel guten Willen verlangen
- diese Aufgaben wenn möglich während der Primetime angehen
- Ihre Primetime in der Agenda farbig markieren und konsequent für Anspruchsvolles nutzen.

Zwar kann der Tag längst nicht immer nach eigenem Gusto gestaltet werden. Doch wenn Sie wirklich wollen, lässt sich mehr verändern als gemeinhin angenommen. Schwierig ist viel eher, von alten Gewohnheiten loszukommen und – wenn die Primetime gleich am Morgen ist – das Checken der E-Mails oder die Unterhaltung mit der Kollegin auf später zu verschieben. Wirkungsvoller wäre es, sich vor diesen Zerstreuungen zuerst zu sammeln und das Anspruchsvollste anzugehen.

Wenn Sie es schaffen, sich umzustellen, wird Ihnen Schwieriges leichterfallen. Sie werden nicht nur Zeit gewinnen und produktiver sein – auch die Qualität des Tuns wird eine andere sein. Und nachher – als Belohnung – noch die einfacheren Aufgaben zu erledigen, ist dann doppelt schön.

ZUR SELBSTREFLEXION

1. Neige ich dazu, meine Arbeit nach dem Lustprinzip anzugehen und zuerst das Angenehmere zu erledigen?
2. Habe ich auch schon erlebt, dass mir während der Primetime Schwieriges viel leichterfällt?
3. Welche schwierigen und welche unangenehmen Aufgaben könnte ich fortan in die Primetime legen?

7 Ein forderndes Nahziel setzen

Suchen Sie nach *der* ultimativen Sofortmethode für bessere Konzentration? Hier ist sie: Beginnen Sie eine Aufgabe nie und nimmer, ohne sich zuvor ein klares Ziel für die nächsten Minuten oder die kommende Stunde zu setzen.[8] Also: »In zehn Minuten will ich eine bestens formulierte, präzise und freundliche Antwort auf die Kundenreklamation geschrieben haben«, oder: »Ich will dieses Kapitel in einer Stunde durcharbeiten, eine Mindmap zeichnen und mir diese so einprägen, dass ich meiner Freundin einen kurzen Vortrag darüber halten könnte.« Ein derartiges *Nahziel* wirkt wie ein roter Faden, der die Aufmerksamkeit auf Kurs hält.

Die Methode des Nahziel-Setzens ist in allen Situationen praktikabel. Sie hilft bei langweiliger Routinearbeit genauso wie bei äußerst schwieriger Kopfarbeit. Die Kunst dabei ist, den Vorsatz derart zu fassen, dass er Sie *im richtigen Maß herausfordert*. Nicht zu viel und nicht zu wenig. Wenn Sie sich nämlich zu wenig vornehmen, langweilt sich der Geist bald einmal und driftet weg – Sie sind in der *Gähnzone*. Nehmen Sie sich hingegen allzu viel oder zu viel Schwieriges vor, kommen Sie in die *Stöhnzone*. Sie sind bald frustriert und der rote Faden reißt.

In beiden Fällen ist es schwierig, sich zu konzentrieren. Suchen Sie einen Mittelweg und setzen Sie Ihr Nahziel so, dass Sie in die *Konzentrationszone* kommen. In der Konzentrationszone sind Zeit und Schwierigkeitsgrad so bemessen, dass Sie voll herausgefordert werden und dadurch die Aufmerksamkeit ganz gebunden wird. Der Geist sollte derart stark beschäftigt werden, dass Ablenkungen keine Chance mehr haben.

Um Ihre Konzentration mithilfe von Nahzielen zu verbessern, sollten Sie

- zunächst den Schwierigkeitsgrad der Aufgabe beachten und klären, ob Sie diese eher langweilt, d. h. unterfordert, oder eher abschreckt, d. h. überfordert
- sich überlegen, was für ein konkretes Resultat Sie mit dem Nahziel erreichen wollen
- bei einer einfachen Aufgabe die Zeit verknappen

(→ Kap. 8) oder höhere Ansprüche an die Qualität stellen
- bei schwierigen Aufgaben das Nahziel am Vortag festlegen und dabei die Thematik schon mal überfliegen, um sie im Gehirn vorzubahnen
- nie längere als einstündige Etappen vorsehen und diese jeweils möglichst vielfältig – wie eine interessante Schulstunde – gestalten
- nach einer Etappe kurz Pause machen (→ Kap. 17).

Ein Nahziel setzen bedeutet nicht nur, sich eine konkrete Aufgabe vorzugeben, sondern wenn nötig auch durch unterschiedliche Teilaufgaben zusätzliche Abwechslung hineinzubringen. Sie sorgen damit für mehr Herausforderung und sind eher davor geschützt, sich zu verlieren (»Jetzt habe ich die ganze Zeit gelernt/gearbeitet und es ist nichts herausgekommen«).

Ein Nahziel gibt enormen Schub. Sie wissen klar, was zu tun ist und was Sie nach einer halben oder einer ganzen Stunde erreicht haben wollen, und gehen deshalb energievoll und konzentriert dahinter. Am Ende haben Sie ein konkretes Resultat und dies befriedigt sehr viel mehr, als wenn Sie ziellos vorgegangen wären.

ZUR SELBSTREFLEXION

1 Stehe ich am Morgen besser auf, wenn ich gleich etwas ganz Bestimmtes vorhabe?
2 Kenne ich das gute Gefühl der Determiniertheit und der gebündelten Aufmerksamkeit, wenn ich mit einem klaren Vorsatz an eine Aufgabe gehe?
3 Was ist, wenn ich ein Nahziel nicht erreiche? Ist mir klar, dass es allemal intelligenter ist, ab sofort realistischere Nahziele zu setzen, statt mich fürs Nichterreichen zu verdammen?

8 Die Zeit begrenzen

Sie kennen nun die Nahzielmethode, die vor allem beim Erarbeiten von Schul- und Studienstoff und bei anderen geistig anspruchsvollen Tätigkeiten hilfreich ist. Bei weniger schwierigen Aufgaben lässt sich für bessere Konzentration ganz einfach ein Zeitlimit setzen.

Das Gesetz von Parkinson ist Ihnen bestimmt bekannt: Je mehr Zeit für eine Aufgabe zur Verfügung steht, desto länger braucht man für deren Erledigung.

In solchen Fällen ist die Lösung klar: Begrenzen Sie die Zeit auf ein Minimum! Sich auf 10, 20 oder 30 Minuten zu beschränken hilft enorm, konzentrierter an einer Sache dranzubleiben. Wie anders fühlt es sich doch an, sich statt »Jetzt sollte ich diese lange Liste von Vokabeln noch auswendig lernen« Folgendes vorzunehmen: »Nach dem Abendessen bearbeite ich während genau zehn Minuten die Vokabelliste.« Oder statt: »Nächste Woche muss ich mich endlich hinter die Steuererklärung setzen« besser: »Morgen Nachmittag um 13.30 Uhr gebe ich mir zehn Minuten Zeit, um schon mal die Unterlagen bereitzulegen.« Auch: »Heute Abend nach dem Essen gebe ich mir genau eine Stunde Zeit, um mich mithilfe des Buchs über wissenschaftliches Schreiben schlauzumachen« ist ein klar eingegrenztes Ziel. Mit derart kurzen Vorsätzen gibt man richtig Gas und konzentriert sich bedeutend besser.

Bei länger dauernden Aufgaben können im Voraus festgelegte Pausen einen ähnlichen Reiz auslösen: »Nach genau 45 Minuten voller Konzentration gönne ich mir zehn Minuten Pause.«

Für bessere Konzentration sollten Sie die zur Verfügung stehende Zeit möglichst verknappen, indem Sie

- sich bei Aufgaben, die mehr Aufmerksamkeit verlangen, überlegen, wie kurz die Zeit sein soll, die Sie dafür einsetzen wollen
- länger dauernde Aufgaben in zeitliche Happen mit Zwischenpausen unterteilen (→ Kap. 17)
- mit den Zeiten experimentieren und z.B. statt »15 Minuten Vokabelliste bearbeiten« auch die Wirkung von 5, 10 oder 20 Minuten ausprobieren

- sich wenn nötig auch genaue Startzeiten vorgeben
- bei schwierigen Aufgaben, die einen offenen zeitlichen Ausgang verlangen, jeweils Beginn und Ende sowie die Pausenzeiten notieren
- sich angewöhnen, beim Vereinbaren von Terminen nicht nur den Beginn, sondern stets auch die Schlusszeit festzulegen.

Die kurzen zeitlichen Happen regen wie die spielerischen Wettläufe an, die Sie wohl aus Ihrer Kindheit kennen. Ein kleiner Wettbewerb gegen die Uhr macht Spaß und bündelt die Kräfte. Ein Küchentimer, bei dem man die Zeit stets vor Augen hat, kann dieses Spiel unterstützen. Sie sind voll konzentriert dabei und wollen ein möglichst gutes Resultat erreichen.

Zeitlich begrenzte Aufgaben werden zudem auch weniger hinausgeschoben. Falls doch, probieren Sie es mit einem noch kleineren Happen. Bereits einige Minuten konzentrierten Tuns können sehr viel bringen und schon mal der Abwehr entgegenwirken, die man gegenüber einer mühsamen Aufgabe aufgebaut hat.

Die Zeit klug zu begrenzen verhilft nicht nur zu besserer Konzentration und mehr Effizienz. Sie kommen am Ende auch zu einem Erfolgserlebnis und haben Schwung für weitere Aktivitäten. Nutzen Sie diesen Schwung, bevor er verpufft.

ZUR SELBSTREFLEXION

1. Mit welchen zehnminütigen Aktivitäten könnte ich die Wirkung der Zeitbegrenzung ausprobieren?
2. Neige ich dazu, mich durch ein allzu enges Zeitlimit unter Druck zu setzen? Wie kann ich dem entgegenwirken?
3. Habe ich die Erfahrung schon gemacht, dass bereits das Notieren von Start- und Endzeiten zu konzentrierterem Arbeiten führt?

9 Sich durch Visualisierung einstimmen

Visualisierung ist wie inneres Kino: Sie sehen, fühlen und erleben eine Situation mithilfe Ihrer Vorstellungskraft. Sind Sie bereit für eine kleine Übung? Also: Nehmen Sie in Gedanken eine Zitrone zur Hand. Wie fühlt sie sich an? Kühl, warm, leicht, schwer? Riechen Sie nun an der Schale. Kommt der Duft? Jetzt nehmen Sie ein Messer und schneiden die Zitrone in Schnitze. Achten Sie dabei auf Ihre Bewegung, auf den Widerstand, den Saft und den Geruch, bis Sie es spüren und riechen. Nun nehmen Sie einen Schnitz und beißen herzhaft hinein. Was geht in Ihnen vor?

Menschen, die gut visualisieren können, zieht es beim gedanklichen Hineinbeißen den Mund zusammen. Falls es Ihnen nicht gelungen ist, üben Sie noch etwas weiter. Nehmen Sie sich jede einzelne kleine Szene vor und bauen Sie jeweils ein *inneres Bild* im Kopf auf. Sehen, hören, fühlen, schmecken und riechen Sie die Situation.

Wenn Sie dies schaffen, können Sie die Methode der Visualisierung nutzen, um sich auf ungewohnte oder schwierige Aufgaben, bei denen Konzentration entscheidend ist, einzustimmen und mental vorzubereiten. Wie der Skirennfahrer vor der Abfahrt können auch Sie den Start, den Verlauf, die kritischen Stellen oder den Abschluss Ihrer schwierigen Lern,- Denk- oder Schreibstunde oder Ihrer Präsentation visualisieren.

Visualisieren bedeutet geistiges *Probehandeln*. Wird der Start einer Arbeitssession innerlich eingeübt, geht er auch in der realen Situation leichter vonstatten. Durchs Visualisieren wird der Ablauf im Gehirn *vorgebahnt* und ist Ihnen dadurch bereits etwas vertraut. Sie verlieren die Schwellenangst, können sich leichter auf die Aufgabe einlassen und sich besser konzentrieren.

Wenn Sie sich durch Visualisierung mental vorbereiten und einstimmen wollen, sollten Sie
- im entspannten Zustand sein
- zunächst ganz real die Sinnesorgane aktivieren und etwas riechen, schmecken, ertasten und die Ohren massieren
- sich dann hinlegen und die Augen schließen

- die Startsituation (→ Kap. 10) – wie Sie sich mit dem Nahziel vor Augen an den Schreibtisch setzen und beginnen – visualisieren
- sich in die passende Stimmung und das Gefühl eines kristallklaren Geistes hineinversetzen und diese Empfindungen während der Visualisierung aufrechterhalten
- wenn nötig die Visualisierung einer Situation mehrmals repetieren, bis das Gehirn vorprogrammiert ist.

Visualisieren ist anspruchsvoll und erfordert hohes Engagement. Sie machen es sich wesentlich leichter, wenn Sie sich dafür a) hinlegen und b) die verträumte Phase morgens beim Aufwachen, abends vor dem Einschlafen oder vor einem Nickerchen nutzen. Wenn Sie in der Visualisierung geübt sind, werden Sie diese wunderbare Methode nicht mehr missen wollen. Denn Sie können damit nicht nur Ihr Tun in die richtigen Bahnen lenken. Sie können auch vorbahnen, wie Sie sich dabei fühlen möchten.

Aristoteles hat einmal gesagt: »Die Seele denkt nicht ohne Bild.« Mit einem inneren Bild werden Sie sich beseelter an eine schwierige Aufgabe machen und Ihre volle Aufmerksamkeit auf sie richten können.

ZUR SELBSTREFLEXION
1 Kenne ich die Schwellenangst bei neuen und schwierigen Situationen?
2 Habe ich auch schon erfahren, dass die Schwelle bei jedem erneuten Übertreten etwas kleiner wird?
3 Kann ich mir vorstellen, dass mir das Visualisieren hilft, leichter über die Schwelle zu kommen?

10 Mit einem inneren Ruck beginnen

Sie kennen das Trägheitsgesetz, das besagt, dass ein Körper so lange im Zustand der Ruhe oder der gleichförmigen Bewegung verharrt, bis eine Kraft auf ihn einwirkt. Bisweilen scheint es, als sei auch der Mensch diesem Gesetz unterworfen – zumindest dann, wenn er eine mühsame Aufgabe, die volle Konzentration erfordert, anpacken soll.

Wie oft dehnen wir dann den Zustand der Ruhe, also die Pause, noch etwas aus, und wie gern verbleiben wir im Zustand der gleichförmigen Bewegung der Routinearbeiten: Wir räumen alles Mögliche auf, checken die E-Mails oder erledigen noch einen Anruf.

Doch ganz gelöst sind wir bei solchen Ablenkungsmanövern nicht, denn die aufgeschobene Aufgabe sitzt uns noch im Nacken.

Um diese Aufgabe bewältigen zu können, müssen wir uns vom Bequemeren und vom Alltagskram lösen können. Je mehr wir das Gefühl haben, etwas anderes zu verpassen, zu wenig Freizeit zu haben oder vermeintlich Wichtigeres tun zu müssen, desto schwieriger ist es. Es gilt, seine Energien zu mobilisieren, sich innerlich einen Ruck zu geben, die Schwelle zu überwinden und die Sache entschieden anzupacken. Es ist wichtig, sich sogleich in die schwierige Aufgabe zu versenken, alle Gedanken und Gefühle auf diese auszurichten – sich ganz darauf zu konzentrieren, an nichts anderes zu denken und das Tun vorwärtszutreiben.

Wenn Sie eine Sache mit einem inneren Ruck beginnen wollen, sollten Sie

- den inneren Ruck vorbereiten – wenn möglich zuvor ein paar Minuten pausieren, um sich ganz bewusst vom Vorherigen zu *lösen*, sich zu *sammeln*, sich auf das Kommende *einzustimmen*, in einen *Zustand der Determiniertheit* zu kommen und *sich dann den Ruck zu geben*
- andere Dinge, die Sie beschäftigen, loslassen, indem Sie ihnen einen fixen Termin zuweisen, um sich später damit zu befassen
- bereits am Vorabend ein Nahziel setzen und auch festlegen, womit Sie in den ersten paar Minuten beginnen wollen

- am Vorabend vor dem Einschlafen den Start visualisieren (→ Kap. 9)
- das Einstimmen mit einem kleinen Ritual – sich eine Tasse Tee brauen, drei Schlucke Wasser trinken, die Toilette aufsuchen – erleichtern
- den inneren Ruck auf eine fixe Uhrzeit (oder wenn der Sekundenzeiger auf die Zwölf rückt) legen und dann unverzüglich starten.

Die Erfahrung zeigt, dass die Überwindung und das anfängliche Bündeln der Aufmerksamkeit am meisten Energie benötigen. Haben wir den inneren Ruck geschafft und uns hinter die besagte Aufgabe gesetzt, geht es meistens leichter voran. Vertrauen Sie dieser Erfahrung: Statt sich von der gewaltigen Anstrengung, die das Erledigen der *ganzen* Aufgabe erfordert, entmutigen zu lassen, müssen Sie sich nämlich bloß für die ersten fünf Minuten aktivieren. Wenn Sie in dieser Startphase die Thematik packen, sind Sie bereits auf gutem Weg und Sie werden ganz automatisch Schritt für Schritt weitergehen.

Je öfter Ihnen das Überwinden gelingt, umso mehr *Überwindungserfahrung* gewinnen Sie. Der innere Ruck verbunden mit der vollen Konzentration aufs Neue fällt zunehmend leichter und mit der Zeit wird die Startphase zur willkommenen Herausforderung.

ZUR SELBSTREFLEXION

1 Weiß ich, wie schwierig es ist, auf die mühsameren und geistig anspruchsvolleren Aufgaben »heraufzuschalten«?

2 Habe ich auch schon erfahren, dass der Start das Schwierigste ist und dass es nachher leichter vorangeht?

3 Welche kleinen Rituale kann ich mir angewöhnen, um möglichst determiniert zu starten?

Das konzentrierte Tun vorbereiten – Schlussbetrachtung Teil I

Sie haben in diesem ersten Teil erfahren, dass vieles im Voraus getan werden kann, um sich bei der anstehenden Aufgabe besser zu konzentrieren. Sie können
- *sich vor Unterbrechungen schützen* und für innere und äußere Ruhe sorgen
- *unterstützende Strukturen* schaffen, indem Sie sich gut organisieren und eine optimale Tageszeit wählen
- sich den Start erleichtern, indem Sie *die Aufgabe attraktiver machen:* ein Nahziel setzen, den Einstieg visualisieren oder bei einer langweiligen Aufgabe ganz einfach die Zeit begrenzen und so für die nötige Herausforderung sorgen.

Was in der Theorie einfach klingt, ist in der Praxis allerdings nicht immer leicht umzusetzen. Oft stehen wir uns mit inneren Vorbehalten oder lieben alten Gewohnheiten selbst im Weg. Oder wir können uns nicht überwinden, die Bequemlichkeitszone zu verlassen, um eine bessere Methode auszuprobieren.

Im Folgenden möchte ich auf die drei soeben aufgeführten Punkte noch etwas genauer eingehen.

Die paradoxe Situation mit den Unterbrechungen

Zunächst sei angemerkt, dass Unterbrechungen die Konzentration nicht immer stören; sie können durchaus auch eine positive Wirkung haben:

- Bei *monotonen oder ungeliebten Tätigkeiten* zum Beispiel können ein kurzes Gespräch, das Lachen mit einer Kollegin oder auch der Anruf eines Kunden stimulierende Wirkung haben. Nach einer solchen Unterbrechung lässt es sich umso effizienter weitermachen.
- Selbst bei *kniffligen Aufgaben* kann eine Unterbrechung bisweilen hilfreich sein. Mentale Anstrengung führt nämlich oft unbemerkt zu körperlicher und geistiger Anspannung. Eine Störung in solchen Momenten kann Entspannung und eine frische Perspektive bringen.

Aber natürlich ist alles eine Frage des Maßes. Was in kleinen Dosen eine Wohltat ist, kann in größerem Ausmaß zu Fehlern und zur Verzettelung führen. Überlastung und Stress sind dann nicht weit.

Paradox wird die Situation, wenn man sich unterbrechen lässt oder einem eigenen Impuls folgt, obwohl die eigentliche Arbeit darunter leidet. Warum lässt man dies zu, selbst wenn man die Störungen verhindern könnte?

Die Gründe dafür können ganz unterschiedlich sein und sind einem oft gar nicht bewusst. Ganz egal, ob wir selbst abschweifen oder ob die Unterbrechung von anderen kommt: Es ist ein Reiz, auf den meistens eine Belohnung folgt. Die Unterbrechung ist interessanter als die eigentliche Arbeit, man kann sich den Schwierigkeiten und Unsicherheiten entziehen, man fühlt sich lebendig, ist nicht allein, kann weiterhelfen, hat ein rasches Erfolgserlebnis und es schmeichelt auch dem Ego, wenn andere etwas von uns wissen wollen.

Aus welchen Gründen auch immer man sich unterbrechen lässt: Es ist oft schwierig, sich einzugestehen, dass sich schon eine kurze Unterbrechung negativ auf das Resultat der eigentlichen Aufgabe auswirken kann. Dazu kommt, dass Unterbrechungen und ständige Erreichbarkeit vielerorts zur Norm geworden sind. Sich unter diesen Umständen Freiräume für ungestörte Konzentration zu verschaffen ist nicht immer leicht.

Dies zeigte auch eine Befragung, die ich während einer Kaderschulung in einer Großfirma durchführte. Ich wollte von den teilnehmenden Führungskräften wissen, welche von 18 vorgeschlagenen Konzentrationsstrategien in ihrem Arbeitsalltag am schwierigsten umzusetzen seien. Das Resultat: An erster Stelle kam »Sich nicht unterbrechen lassen«. Erst mit großem Abstand folgten »Für äußere Ruhe sorgen« sowie »Eins nach dem anderen tun«. Im persönlichen Gespräch offenbarte sich dann die zuvor erwähnte paradoxe Situation. Manche der Befragten nahmen Verzettelung und Stress in Kauf und meinten, sie müssten stets erreichbar sein. Andere wiederum schworen auf ungestörte Zeitfenster und wussten diese kostbaren Stunden auch durchzusetzen.

Ruhe oder Hintergrundmusik?

Ich werde oft zu meiner Meinung über das Musikhören während des Lernens gefragt. Betrachten wir zunächst die Fakten. Musik kann entspannen, die Stimmung heben, inspirieren und manche geistigen Prozesse erleichtern. Zum letzteren Punkt sorgte 1993 die Studie eines kalifornischen Forscherteams um Frances Rauscher für Aufsehen.[9] Die Untersuchung zeigte, dass bei den Probanden die IQ-Werte für räumliches Denken etwas anstiegen, wenn sie vor dem Test zehn Minuten lang Mozarts Sonate für zwei Klaviere hörten.

Wie wäre wohl das Resultat ausgefallen, wenn die Musik nicht *vor*, sondern *während* des Tests im Hintergrund abgespielt worden wäre? Diese Frage stellte sich 2011 die Gruppe um Nick Perham von der University of Wales.[10] Allerdings interessierte die Forscher dabei nicht das räumliche Denken, sondern die Auswirkung der Hintergrundmusik auf das Kurzzeitgedächtnis, welches für das Lernen relevanter ist. Den Probanden wurden unter Musikberieselung hintereinander acht Konsonanten gezeigt, die sie dann in der richtigen Reihenfolge wiedergeben mussten. Unabhängig davon, wie gut die Musik den Probanden gefiel, schnitten sie deutlich schlechter ab als ihre Kollegen, die den Test ohne Hintergrundmusik machen konnten. Der Forscher empfiehlt deshalb: Wenn Musik, dann *vor* der Lernsession, und nicht während der Kopfarbeit!

Dieser Empfehlung schließe ich mich grundsätzlich an. Sollten Sie jedoch beim Lernen ohne Musik derart in schlechte Stimmung geraten, dass das Lernen leidet, sind Sie mit Musik sicherlich besser dran.

Unterstützende Strukturen

Innere und äußere Ruhe sowie die Abwesenheit von Störungen sind Grundvoraussetzungen für vertiefte Konzentration. Was zusätzlich hilft und oft unterschätzt wird, ist die Wirkung unterstützender Strukturen.

Eine natürliche unterstützende Struktur bildet unsere eigene innere Uhr mit dem 24-Stunden-Rhythmus von Schlaf und Wachsein sowie Phasen von höherer und tieferer Energie untertags. Darauf lässt sich ein guter Arbeitsrhythmus mit regelmäßigen Schlafenszeiten und Pausen aufbauen. Auch das Nutzen der Primetime für besonders schwierige Aufgaben (→ Kap. 6) oder die Berücksichtigung der kreativeren Stunden im Tagesverlauf basieren auf diesem biologischen Rhythmus.

Neben dem inneren Rhythmus sorgen generell konkrete Ziele sowie eine gute persönliche Organisation und Planung für eine tragende Struktur. Auch Routine, Regeln und Gewohnheiten (→ Kap. 21) sowie Geduld und Ausdauer (→ Kap. 16) stärken dieses Gerüst.

Unterstützende Strukturen helfen uns, disziplinierter zu sein. Warum ist das so? Sie schaffen einen Rahmen, in dem wir weniger Willenskraft benötigen, um uns auf eine schwierige Aufgabe einzustellen. Je anspruchsvoller Ihr Studium oder Ihre Arbeit ist, desto wichtiger sind deshalb gute Tages- und Wochenstrukturen sowie ein Lebensstil, der die Konzentration begünstigt.

Der Psychologe Reinhard Schober spricht von *Strukturstärke*, die es für gute Konzentration zu entwickeln gilt.[11] Er vergleicht diese mit dem kurvenfesten Fahrgestell eines Gefährts und schreibt:

> Es geht um die haltgebende Form, die Verstrebungen und die Laufruhe. Wenn wir eine Standfestigkeit besitzen, die auch für Höchstleistungen ausgelegt ist, dann können wir mit einem sicheren Gefühl an den Start gehen. Das Fahrgestell wird nicht gleich bei der ersten Kurve auseinanderfliegen.

Zu dieser Strukturstärke gehört auch ein ausgeprägter Realitätssinn. Das bedeutet, sich nichts vorzumachen und die Dinge so zu sehen, wie sie wirklich sind – und nicht, wie man sie gerne haben möchte.

Die Attraktivität einer Aufgabe erhöhen

Die Voraussetzungen für gute Konzentration zu schaffen, also für Ruhe und möglichst regelmäßige Strukturen zu sorgen, ist das eine. Dies zieht uns jedoch noch nicht in eine Aufgabe hinein. Damit ein solcher Sog entsteht und die Aufgabe selbst die Aufmerksamkeit zu binden vermag, braucht es noch etwas anderes: Die Attraktivität der Aufgabe muss hoch genug sein. Ist dies nicht der Fall, liegt es an uns, den Anreiz zu steigern. Dies möchte ich im Folgenden mit einem konkreten Beispiel aus meinem Alltag illustrieren.

Eine gute Bekannte fragte mich kürzlich, wie ich es bloß schaffe, neben der Manuskriptarbeit so viel Disziplin fürs Sprachenlernen – das Thema meines nächsten Buchs – aufzubringen. Ihre Frage verblüffte mich zunächst etwas, denn ich benötige nicht so viel Disziplin, wie sie meinte, obwohl das Memorieren und Üben manchmal Überwindung kostet. Beim Nachdenken kam ich dann darauf, dass es neben meiner generellen Motivation für das Sprachenlernen vor allem zwei Ressourcen sind, welche mir den Fremdsprachenerwerb erleichtern:

Die eine Ressource ist ganz klar die unterstützende Struktur: So halte ich stets den Samstagmorgen für das Spanischlernen frei. Dazu kommen die Treffen mit meinen beiden spanischen Tandempartnerinnen: Die eine sehe ich jeweils am Dienstagabend und die andere am Donnerstag. Diese drei Fixpunkte bilden einen stabilen Wochenrahmen für mein Lernprojekt. Daneben befasse ich mich je nach Zeit und Lust damit; in der einen Woche etwas mehr, in der anderen etwas weniger.

Die zweite Ressource ist meine Strategie, die Attraktivität der mühsameren Aufgaben zu erhöhen. Mein momentanes Lernziel ist die Verbesserung des mündlichen Ausdrucks. Dabei müssen manchmal Grammatiklücken geschlossen werden, oder Dialoge wollen memoriert und eingeübt sein. Um mich für diese »Schwerarbeit« zu motivieren, erhöhe ich ganz gezielt deren Attraktivität. Drei solcher Strategien haben Sie bereits kennengelernt: Das *Nahzielsetzen, die Verknappung der Zeit* sowie *die Visualisierung.*

- *Das Nahzielsetzen* nutze ich oft für das Grammatiklernen. Ich plane bereits im Voraus als Nahziel jeweils eine möglichst abwechslungsreiche Lernstunde mit Theorie und unterschiedlichen Übungen – und zwar so, als wäre ich eine Lehrerin, die eine interessante Lektion vorbereitet.

- *Die Verknappung der Zeit* kommt in Repetitionsphasen zum Zug. Wenn ich mich für die Repetition mit der Lernkartei überwinden muss, hilft meine Methode, die ich *15 magic minutes* nenne: Ich nutze jeweils den Timer und repetiere exakt 15 Minuten lang. Diese Methode gibt so viel Schwung, dass die Überwindung bedeutend leichterfällt.

- Die *Visualisierung* ist meine Lieblingsstrategie. Ich liebe es, auf dem Sofa oder im Bett zu liegen und mir dabei vorzustellen, wie ich meiner Tandempartnerin auf Spanisch eine Episode aus dem Alltag erzähle. Auch Dialoge, Sätze oder Wörter, die ich eingeübt habe, führe ich mir oft auf dem Sofa noch einmal vor Augen.

Die Wirkung dieser Strategien ist frappant. Ich möchte Sie ermuntern, sie sobald als möglich mit einer eigenen Aufgabe auszuprobieren. So können Sie selbst erfahren, wie viel attraktiver Sie dadurch eine Aufgabe machen.

Die Attraktivität einer Aufgabe steigt vor allem auch mit unserem *Interesse*. Wie dieses entwickelt werden kann, werden Sie im kommenden Teil II erfahren. Auch mehr Know-how (→ Kap. 22) steigert die Lust auf eine Tätigkeit. Und wenn positivere Gefühle im Spiel sind, gewinnt auch die Konzentration.

Als Erstes soll es im Folgenden jedoch darum gehen, ganz bei der Sache zu sein – sei es beim Monotasken oder Multitasken.

Teil II

Ganz bei der Sache sein

11 Sich voll und ganz dem Tun zuwenden

Ob bloß für drei Minuten, ob für eine halbe Stunde oder länger: Sich konzentrieren heißt, die Aufmerksamkeit vollständig dem Tun zuzuwenden und *ganz* bei *einer* Sache zu sein. Sie hängen also nicht mehr dem Gespräch von heute Morgen nach, hören nicht mit halbem Ohr dem Telefonat des Kollegen zu und lassen sich nicht von all den Dingen ablenken, die noch erledigt werden müssen. Auch den Drang, noch kurz ins Internet zu gehen, verspüren Sie nicht. Sie sind ganz einfach präsent im gegenwärtigen Augenblick und Ihre Aufmerksamkeit ist voll und ungeteilt auf Ihr Tun gerichtet.

Zugegeben, oft sind andere Dinge attraktiver oder genauso dringlich, doch die Kunst der Konzentration besteht darin, alles andere vorübergehend zu ignorieren und sich nur der *einen* Sache zuzuwenden. Sie so anzugehen, als hätte man nichts anderes zu tun. Sich zu versenken, statt geistig auf dem Sprung zu sein.

Warum nur *eine* Sache? Unsere Aufmerksamkeit ist stark begrenzt, das heißt, das Gehirn kann nur wenig Information auf einmal aufnehmen und verarbeiten. Kommt die Information aus vielen Quellen, führt dies rasch zu einer kognitiven Überlastungssituation: Das Arbeitsgedächtnis ist überladen, vieles wird sogleich wieder vergessen und das Denken ist erschwert. In einer solchen Situation passieren häufig Fehler. Es gilt deshalb, die Aufmerksamkeit *ganz* auf *eine* Sache zu richten – auch wenn es nur für ein paar Minuten ist.

Sie lernen, sich vollständig dem Tun zuzuwenden und *ganz* bei *einer* Sache zu sein, indem Sie
- nach einer alltäglichen Aufgabe suchen, bei der Sie zu wenig konzentriert sind
- diese Aufgabe zum täglichen Übungsobjekt machen
- die Aufgabe ganz bewusst mit einer positiven Einstellung angehen
- der Aufgabe die höchste Wichtigkeit beimessen, selbst wenn sie einfach ist
- die Voraussetzungen für gute Konzentration schaffen und die entsprechenden Vorbereitungen treffen (→ Teil I)

- sich vornehmen, diese Aufgabe so gut und so effizient wie möglich auszuführen – so, als wollten Sie dafür wie in einer Prüfung die Bestnote erzielen
- nach Erledigung der Aufgabe auf einer Skala von 1 (ungenügend) bis 7 (sehr gut) Ihre Konzentration bewerten und das Resultat mit Datum und allfälligen Beobachtungen in eine Agenda eintragen.

Die Verbesserung der Konzentration beginnt mit der Selbstbeobachtung. Wenn Sie Ihre Konzentration im Auge behalten und mittels Skala erfassen, unterstützen Sie Ihr Vorhaben besonders wirkungsvoll. Durch diese Maßnahme erhöhen Sie Ihre *Bewusstheit* und nehmen auch besser wahr, was Sie daran hindert, ganz bei der Sache zu sein. Sie werden bald Fortschritte erkennen, denn es wird Ihnen besser gelingen, Ihre Aufmerksamkeit voll und ganz auf Ihr Tun zu richten. Der Vorsatz, die Aufgabe stets so gut wie in einer Prüfung zu erledigen, hilft zusätzlich, sich auf den Ausführungsprozess zu konzentrieren. Denn unser Geist will immer von Neuem gefordert sein.

Dazu kommt noch Ihr emotionales Engagement: Sie sollten der jeweiligen Tätigkeit – dem Beantworten einer E-Mail, der Hausaufgabe oder der Kostenkalkulation – während der Ausführung die *höchste* Wichtigkeit beimessen und *beseelt davon sein*. Wenn Ihnen dies gelingt, wird sich die Konzentration bald verbessern.

ZUR SELBSTREFLEXION
1. Welchen Nutzen habe ich, wenn es mir gelingt, *ganz* bei *einer* Sache zu sein?
2. Was hält mich davon ab, mich *ganz* auf *eine* Tätigkeit einzulassen – auch wenn sie bloß ein paar Minuten dauert?
3. Bin ich bereit, meine Konzentration systematisch zu beobachten und einzuschätzen?

12 Eins nach dem anderen tun

Je größer der Berg an Unerledigtem, je länger die To-do-Liste und je hektischer das Umfeld, umso eher werden wir dazu verleitet, zu viele Dinge gleichzeitig zu tun und Multitasking der unvernünftigen Art zu betreiben: Wir arbeiten während des Telefonierens an der Kostenrechnung weiter, unterhalten uns zwischendurch mit einem Kollegen, checken die News und beantworten auch noch gleich jede hereinkommende Mail.

Wenn Sie allzu viele Dinge auf einmal tun, sabotieren Sie die Fähigkeit, sich voll und ganz auf eine Aufgabe zu konzentrieren. Das Gehirn gewöhnt sich rasch an die vielen Reize, und die Konzentration auf nur eine Sache wird bald als langweilig und frustrierend empfunden. Ihre Konzentrationsfähigkeit nimmt ab, Sie lassen sich leichter ablenken und verzetteln sich. Bei derart unvernünftigem Multitasking passieren öfter Fehler. Dazu kommt, dass viele Dinge sofort wieder vergessen werden. Denn Erinnerung beruht auf einer zuvor erfolgten, *vollen* Aufmerksamkeit auf eine Sache. Die volle Aufmerksamkeit geht verloren, wenn Sie alles gleichzeitig erledigen wollen. Gewöhnen Sie sich deshalb an, wann immer möglich, *eins nach dem anderen* zu tun und sich stets ganz auf die jeweilige Tätigkeit einzulassen.

Überdenken Sie Ihre Arbeitsweise und stellen Sie sich folgende Fragen:

- Passieren mir öfter größere und kleinere Fehler?
- Entgehen mir immer wieder Dinge, an die ich auch noch hätte denken müssen?
- Fehlt mir die Zeit, neue Information innerlich nachzuvollziehen und im Geist einzuordnen?
- Spüre ich, wie anstrengend das stete Umdenken ist?
- Fehlt es mir an Geduld und Gelassenheit?
- Vergesse ich vieles, das ich bearbeitet habe, bald wieder?
- Macht mich Multitasking innerlich unruhig?
- Kenne ich die Gier nach Information und neuen Reizen (→ Kap. 3)?
- Bin ich nach der Arbeit noch lange aufgekratzt?

Falls Sie die meisten Fragen mit »Ja« beantwortet haben, sollten Sie darauf achten, dass Sie konsequent eins ums andere statt alles gleichzeitig tun. Überwiegen die »Nein«, können Sie souveränes Multitasken ins Auge fassen (→ Kap. 13).

Jeder Wechsel – ob von der Arbeit am Bildschirm zum Telefonieren, vom logisch-rationalen zum kreativen Denken oder vom Erarbeiten eines Lernstoffs zum Auswendiglernen – erfordert eine *Umdenkleistung*. Dies ist der Grund, warum Multitasking derart anstrengend ist und schnell zu Anspannung führt. Organisieren Sie deshalb Ihre Arbeit so, dass Sie Aufgaben, die denselben geistigen Modus erfordern, in Blöcke zusammenfassen: Schaffen Sie z. B. einen Telefonier-, einen E-Mail-, einen Organisations- und einen Denkblock. Oder beim Lernen einen Überfliegen-, einen Verstehens-, einen Zusammenfassungs-, einen Einpräge- und einen Repetierblock.

Eins nach dem anderen zu tun heißt, eine Aufgabe ganz bewusst zu beginnen, sich gedanklich und gefühlsmäßig darauf einzulassen, mit Ausdauer und Geduld dranzubleiben und aufkommende Frustration und Befürchtungen auszuhalten. Es bedeutet, die Gedanken zu Ende zu führen und sie ganz bewusst innerlich abzuschließen. Ein solcher Abschluss befriedigt ungemein und macht zudem den Geist frei, um sich wieder auf etwas Neues einzustellen.

ZUR SELBSTREFLEXION

1. Was gewinne ich, wenn ich mir angewöhne, nach Möglichkeit eins nach dem anderen zu tun?
2. Wann neige ich dazu, zu viel auf einmal zu machen?
3. Wovor fürchte ich mich innerlich, wenn ich eins nach dem anderen – statt alles gleichzeitig – tue?

13 Souverän multitasken

Souveräne Multitasker sind Könner ihres Fachs. Es ist die Simultanübersetzerin in Aktion oder der versierte Koch, der gleich die fünf Gänge eines Menüs auf einmal zubereitet. Oder die verlässliche Praxisassistentin, die sich um die Patienten kümmert, Blut entnimmt und impft, Laborarbeit erledigt, das Telefon bedient – und dabei den Kopf stets bei der Sache hat und auch noch den Überblick behält.

Nicht alle Tasks lassen sich gleich gut kombinieren.[12] Gleichzeitig zwei Gesprächen zu folgen ist schwieriger, als dem Kollegen zuzuhören und dabei auf den Bildschirm zu schauen.

Gut kombinieren lassen sich vor allem automatisierte Routinetätigkeiten. Mütter sind darin geübt: Sie können das Abendessen kochen, Anrufe entgegennehmen, die Waschmaschine programmieren und gleichzeitig auch noch auf die Kinder achten.

Schlechter passen Aufgaben zusammen, die mehr Denkarbeit erfordern: Eine E-Mail zu beantworten und gleichzeitig mit dem Kollegen ein Projekt zu diskutieren macht keinen Sinn. In solchen Fällen ist es klüger, eins nach dem anderen zu tun.

Noch weniger gut fürs Multitasking geeignet ist geistig Anspruchsvolles: das vertiefte Erarbeiten von Schul- und Studienstoff, das Programmieren von Software, das Verfassen von schwierigen Texten oder das Planen eines komplexen Projekts.

Auch Fertigkeiten, die noch nicht automatisiert sind, verlangen unsere volle Aufmerksamkeit. Sie kennen diese Erfahrung als Anfänger – ob beim Einüben des Zehnfingersystems, bei den ersten Koch- und Backversuchen oder bei den Experimenten im Schullabor. Doch Übung macht den Meister: Je geübter wir bei solchen Fertigkeiten werden, desto weniger Aufmerksamkeit erfordern sie. Und wenn sie am Ende völlig automatisiert ablaufen, sind solche Routinetätigkeiten die besten Kandidaten fürs Multitasken.

Souverän multitasken heißt, die einzelnen Aufgaben im Griff zu haben und die Aufmerksamkeit bei jedem Task so zu dosieren, wie es für die präzise Ausführung notwendig ist. Es bedeutet, ganz bewusst zu handeln und gezielt umzuschalten. Dies erfordert nicht nur Konzentrationsvermögen, sondern auch hohe geistige Flexibilität (→ Kap. 14).

Wenn Sie souverän multitasken möchten, sollten Sie

- die verschiedenen Aufgaben stets vor Augen haben, wenn nötig einen zweiten Bildschirm einsetzen oder sich mit einer To-do-Liste oder einem Post-it-Zettel daran erinnern
- beim Wechsel den ersten Task gedanklich bewusst abschließen und z. B. den angefangenen Satz fertig tippen, bevor das Telefon (= Task 2) abgenommen wird
- dann die Aufmerksamkeit voll und ganz auf den zweiten Task richten und sich bewusst darauf konzentrieren
- darauf achten, nicht in die reaktiven Verhaltensmuster des unvernünftigen Multitaskings zu verfallen (→ Kap. 12)
- rechtzeitig pausieren, abschalten und entspannen.

Das Schöne am souveränen Multitasking ist zum einen die Effizienz. Sie leisten viel, die Qualität der Arbeit stimmt und es ist nie monoton. Zum anderen gibt es das Gefühl, die Dinge im Griff zu haben, statt bloß getrieben zu sein. Und zu guter Letzt ist diese souveräne Art des Multitaskens ein gutes Konzentrationstraining. Bloß erholsame Pausen dürfen dabei nicht vergessen werden!

ZUR SELBSTREFLEXION
1 Unter welchen Umständen verfalle ich in impulsives und unvernünftiges Multitasking?
2 Spüre ich, welche Aufgaben sich besser oder schlechter kombinieren lassen?
3 Wie gut gelingt mir das klare Umschalten vom einen zum anderen Task?

14 Geistig flexibel bleiben

Sich zu konzentrieren und die Aufmerksamkeit bewusst zu bündeln ist für Ungeübte so etwas, wie geistigen Gehorsam zu praktizieren. Es strengt an und führt zu *angespannter Konzentration*: Wir arbeiten zunehmend mechanisch, sind geistig nicht mehr flexibel, ermüden rasch und das Denken stockt.

Ganz anders wird dagegen *entspannte Konzentration* empfunden: Es geht mühelos, geschmeidig und fließend voran, wir sind energievoll, heiter und gelassen und unser Geist ist unvoreingenommen und flexibel. Geistig flexibel zu sein heißt, rasch *umschalten* zu können, egal ob von einem Task auf einen anderen, vom Detail auf den Überblick, von den Fakten auf die Fantasie, von der eigenen Sichtweise auf die Sichtweise des Kunden oder auch vom Tun auf die Meta-Ebene, d. h. auf das Überblicken des eigenen Tuns.

Ihre geistige Flexibilität zeigt sich darin, dass Sie sich im Geist sofort von etwas lösen und die Gedanken daran blitzschnell ausblenden können, damit diese nicht mit dem Kommenden interferieren. Danach gilt es, die Aufmerksamkeit neu zu bündeln und sich voll und ganz auf das Kommende einzustellen. Ob in einer schwierigen Verhandlung, beim Multitasken oder beim Tennisspiel: Ihr Geist muss sich bei jedem Argument, bei jedem Task und bei jedem Schlag sogleich wieder neu ausrichten können.

Aufkommende Müdigkeit und Anspannung beeinträchtigen unsere geistige Flexibilität. Insbesondere im angespannten Zustand verengt sich das Denken mehr und mehr, wir bleiben an Details hängen und verlieren den Überblick – wir sehen vor lauter Bäumen den Wald nicht mehr.

Wenn Sie körperlich und geistig entspannt und flexibel bleiben wollen, sollten Sie
- sich ab und zu strecken oder kurz aufstehen und sich dehnen und etwas bewegen
- sich durch Gähnen oder durch eine Kopfmassage lockern
- bei Anzeichen von Müdigkeit und Anspannung eine längere Pause einlegen (→ Kap. 17)
- zur Abwechslung ein Stehpult benutzen

- Humor und Heiterkeit pflegen und dann und wann vor sich hin lächeln
- auf *entspannte Konzentration* achten und stets darauf bedacht sein, körperlich und geistig locker zu bleiben
- immer wieder mal aufschauen und den Blick in die Ferne schweifen lassen
- im Alltag vermehrt auf geistiges Umschalten achten und es ganz bewusst trainieren.

Geistiges Umschalten lässt sich mit einer überaus anregenden Übung trainieren: Nehmen Sie sich zwei verschiedene Bücher vor, die Sie schon seit Langem lesen wollen, z. B. ein Sachbuch und einen Roman. Lesen Sie diese nun parallel, d. h. Seite 1 des einen, dann Seite 1 des anderen und so fort. Disziplinieren Sie sich, wirklich nur eine einzige Seite zu lesen und dann zum anderen Buch zu wechseln. Sie werden mit dieser Übung nicht nur Ihre geistige Flexibilität trainieren. Sie erfahren vor allem auch, was es bedeutet, eine Thematik sofort zu packen und sie gefühlsmäßig und geistig zu erfassen. Denn nur wenn Sie den Inhalt einer Seite wirklich verinnerlichen, d. h. ihn sich im Geist zurechtlegen und merken, können Sie die Aufgabe meistern. Viel Spaß!

ZUR SELBSTREFLEXION
1. Kenne ich die Anstrengung, die ständiges Umschalten bereitet?
2. Weiß ich durch Beobachtung anderer und aus eigener Erfahrung, wie sehr Anspannung die geistige Flexibilität beeinträchtigt?
3. Will ich bei der nächsten schwierigen Aufgabe versuchen, einfach vor mich hin zu lächeln, statt die Zähne zusammenzubeißen?

15 Interesse aufbauen

Eine der wichtigsten Voraussetzungen für gute Konzentration ist *Interesse*. Wenn uns ein Thema brennend interessiert, zieht es die Aufmerksamkeit ganz automatisch auf sich.

Interesse lässt sich schaffen, denn ›kein Interesse haben‹ ist keineswegs in Stein gemeißelt. Interesse aufbauen bedeutet, eine *Beziehung* zu einer Sache zu entwickeln.[13] Diese Beziehung ist bei neuartigen, unüberblickbaren und schwierigen Aufgaben jedoch oft noch nicht vorhanden. Deshalb fällt uns die Konzentration auf das ungeliebte Nebenfach, auf die ungewohnte Vorbereitung auf einen Vortrag oder das Sich-

Hineinversetzen in eine besondere Problematik so schwer. Irgendwie fehlt der emotionale Link. Was tun?

Freunden Sie sich auf spielerische Art und Weise mit der Thematik an. Beschnuppern Sie diese wie ein Hund. Schmökern Sie eine Weile neugierig und mit einer bewusst offenen und positiven Einstellung in den Unterlagen. Suchen Sie nach einem interessanten Aspekt. Irgendetwas lässt sich immer finden. Diese spielerische Annäherung soll noch keine Arbeit sein. Der einzige Zweck soll sein, *eine Beziehung* zur Sache zu schaffen. Sie sollen noch gar nichts leisten müssen und sich auch nicht tief versenken. Versuchen Sie, die Befürchtungen und den gewaltigen Aufwand, den das Projekt verlangt, nach Möglichkeit noch auszublenden. Genießen Sie einfach das Herumspielen mit der Thematik, das Fantasieren und Noch-nichts-tun-Müssen.

Wenn Sie eine Beziehung zu einer Thematik aufbauen wollen, sollten Sie

- sich sobald wie möglich damit befassen – auch wenn die eigentliche Arbeit erst Wochen oder Monate später beginnt
- sich zunächst die nötigen Informationen und die wichtigsten Unterlagen verschaffen
- die Befürchtungen und Vorurteile wegstecken und sich um spielerische Offenheit bemühen
- mit dieser unvoreingenommenen Einstellung und der bewussten Absicht, eine positive Beziehung aufzubauen, für 5, 10 oder 60 Minuten – je nach Umfang – in den Unterlagen blättern

- bei ungeliebten Themen mit jemandem darüber sprechen, der/die davon begeistert ist
- wenn Sie Lust bekommen haben, in einer weiteren Runde nach interessanten Details suchen und diese schon mal andenken
- darüber fantasieren, wie Sie später, wenn es ernst wird, die Sache möglichst schlau anpacken können
- den Projektstart terminieren und das Ganze bis zu diesem Zeitpunkt ruhen lassen
- wenn sich die negative Einstellung wieder einschleicht, nochmals eine spielerische Annäherungsrunde machen, denn Beziehungen wollen unterhalten sein.

Die spielerische Annäherung wirkt befreiend. Sie nimmt die beklemmenden Gefühle und sorgt für eine positivere Einstellung. Die gewonnene Freiheit macht Sie zudem kreativer im Herangehen und in der Umsetzung.

Durch die Annäherung hinterlassen Sie im Hirn Spuren und bahnen dadurch schon einiges vor: Diese *Vorbahnung* in den grauen Zellen macht neugierig, sie schafft den nötigen emotionalen Link zur Thematik und erleichtert den Einstieg und die Konzentration.

Mit der spielerischen Vorgehensweise bauen Sie eine Beziehung zur Sache auf und legen den Grundstein für die Entwicklung von größerem Interesse. Wenn Sie dranbleiben, haben Sie gewonnen, denn Sie wissen: Der Appetit kommt mit dem Essen.

ZUR SELBSTREFLEXION

1 Habe ich auch schon erfahren, dass eine positive Beziehung zu einer Sache die Konzentration enorm erleichtert?
2 Ist mir klar, dass die spielerische Annäherung im Endeffekt äußerst produktiv ist?
3 Gelingt es mir, bei der spielerischen Annäherung die Noch-nichts-leisten-müssen-Haltung einzunehmen und einfach mal neugierig zu schmökern?

16 Ausdauer entwickeln

Angenommen, sämtliche Vorkehrungen sind getroffen, um sich für eine Stunde ganz auf eine schwierige Aufgabe zu konzentrieren: Sie haben für Ruhe gesorgt, das Smartphone ausgeschaltet sowie andere Versuchungen aus dem Weg geräumt. Das Problem ist nun, die nötige Ausdauer aufzubringen, um dranzubleiben und nicht abzuschweifen.

Auch wenn keine ablenkenden Gedanken aufkommen, nimmt die Konzentration im Laufe einer Stunde ab, weil der Geist ermüdet. Die Abnahme kann ganz unterschiedlich sein. Als Kurve dargestellt, kann sie z. B. zunächst sogar etwas ansteigen und dann langsam nach unten gehen. Es kann aber auch sein, dass es zwischendurch einen Aufschwung gibt, weil etwas Interessantes auftaucht oder ein kleines Erfolgserlebnis den Geist belebt. Ein Wechsel der Aktivität, wie vom Schreiben zum Redigieren, kann eine ähnliche Wirkung haben. Anderseits lässt bei Ungeübten ein plötzlich auftauchendes Problem die Konzentration oft rasch zusammenbrechen.

Eine geübte erwachsene Person kann sich während zirka 45 Minuten voll auf eine Aufgabe konzentrieren. Bei wenig Geübten liegt diese Spanne eher zwischen 10 bis 30 Minuten.

Natürlich hängt die Spanne von den individuellen Voraussetzungen, von der Freude an der Sache, vom Training und auch vom Schwierigkeitsgrad der Aufgabe ab. Bei kurzweiligen Tätigkeiten wie bei einem Spiel, bei abwechslungsreicher Büroarbeit oder bei lebhaften Besprechungen ist die Konzentrationsspanne naturgemäß größer.

Hier geht es jedoch um Aufgaben, bei denen uns die Konzentration nicht so leichtfällt. Um Ausdauer zu entwickeln und länger voll konzentriert an einer solchen Aufgabe dranzubleiben, sollten Sie

- sich ein herausforderndes Nahziel ausdenken (→ Kap. 7) und während der konzentrierten Stunde für Abwechslung sorgen und z. B. vom Lesen aufs Notieren, vom Lernen aufs Zeichnen einer Mindmap oder vom Schreiben aufs Redigieren umschalten

- die Startzeit notieren
- den Ist-Zustand bestimmen, indem Sie auf die Zeit bis zur ersten Ablenkung achten
- beim Abschweifen die Aufmerksamkeit sogleich wieder zurückholen
- Affirmationen (Selbstbekräftigungen) nutzen und sich mit Sätzen wie »Mein Kopf ist klar und konzentriert« oder »*I'm smart and sharp*« bestärken
- versuchen, die Konzentrationsspanne sukzessive in Fünf-Minuten-Intervallen zu verlängern
- die Anstrengung als sportlichen Reiz empfinden
- die stillen Stunden lieben lernen.

Geistige Ausdauer lässt sich genauso trainieren wie die körperliche. Und so, wie physisch gut trainierte Menschen lange Wanderungen oder mühsame Bike-Touren lieben, mögen es geistig Trainierte, sich im Kopf anzustrengen, sich voll zu konzentrieren, sich zu vertiefen und ganz im Prozess aufzugehen. Dieses Dranbleiben und Vertiefen hat seinen ganz besonderen Reiz, den es zu entdecken gilt. Wer öfter Flow erlebt (→ Kap. 18), kennt dieses herrliche Gefühl.

Bleiben Sie auch auf steinigen Wegen beharrlich dran. Vergessen Sie nicht: Die Musen küssen meist erst dann, wenn sie uns bei der Arbeit treffen.

ZUR SELBSTREFLEXION

1 Wenn ich mich ungestört auf eine schwierige Aufgabe konzentrieren kann: Wie viele Minuten schaffe ich es, ohne Abschweifung dranzubleiben?
2 Wie gut kann ich meine Konzentration aufrechterhalten, wenn ich auf ein kleines Hindernis stoße oder mich plötzlich etwas frustriert?
3 Wie kann ich für mehr Abwechslung innerhalb der Aufgabe sorgen?

17 Sich rechtzeitig eine Pause gönnen

Sowohl in der Arbeitswelt als auch im Prüfungsstress des Studiums gibt es nie hinterfragte Haltungen und Heldenmythen, die hervorragende Leistungen sabotieren, Fehler fördern und zu bloß mittelmäßigen Resultaten führen. »Als dynamischer Typ brauche ich keine Pausen«, »Pausen sind unproduktiv«, »Erst die Arbeit, dann das Vergnügen«, »Ich kann mir keine Pausen leisten, da ich zu viel zu tun habe« – mal ehrlich: Fallen Sie bisweilen auch auf derartige innere Antreiber herein?

Tatsache ist, dass ein ermüdeter und angespannter Geist nicht optimal funktioniert. Keiner kann sich während Stunden ohne Unterbrechung auf etwas Anspruchsvolles konzentrieren. Je heikler eine Aufgabe ist, umso mehr erfordert sie einen Rhythmus von genügend Schlaf, intensivem Tun und Rast. Neben Schlaf kommt auch die Rast oft zu kurz.

Eine Pause entspannt und regeneriert nicht nur, sie ist auch dem Denken und dem Gedächtnis förderlich, denn das Hirn arbeitet während des Pausierens weiter. Dies geschieht meist unbewusst, doch dabei wird Unverstandenes geklärt, neue Ideen kommen auf und zuvor erworbene Gedächtnisinhalte werden gefestigt. Eine Pause schafft zudem Distanz; man ist danach umsichtiger und kann die Dinge mit frischem Blick betrachten.

Doch nicht jede Pause ist eine Pause fürs Gehirn. Zeitung lesen, am PC surfen oder angeregte Diskussionen mögen dem Gemüt guttun, aber der Geist kann dabei nicht pausieren. Bei geistig Anspruchsvollem muss der Geist in der Pause entspannen und auf Freilauf schalten können. Es darf nichts Neues oder Aufregendes dazukommen. Faulenzen, herumtrödeln oder Teetrinken ist angesagt.

Ganz anders ist es bei sehr monotoner Arbeit. Da kann sich etwas Anregung in den Pausen positiv auswirken.

Ein wichtiger Aspekt ist auch *der Zeitpunkt* des Pausierens. Sobald Sie die ersten Zeichen von Anspannung oder Ermüdung spüren, ist Zeit für ein kurzes Innehalten. Dies kann bei anstrengender Kopfarbeit bereits nach zehn bis zwanzig Minuten der Fall sein.

Wenn Sie Hervorragendes leisten statt sich mit Mittelmäßigem zufrieden geben wollen, sollten Sie sich rechtzeitig Pausen gönnen, indem Sie

- auf die ersten Anzeichen von Anspannung und Müdigkeit achten und sich kurz strecken, gähnen und entspannen
- die unterschiedlichen Pausenbedürfnisse bei einfachen Routineaufgaben oder bei Schwierigem berücksichtigen
- bei anstrengenden Aufgaben nach spätestens einer dreiviertel Stunde für fünf Minuten ausklinken und pünktlich wieder beginnen
- nach eineinhalb Stunden eine Teepause einlegen, einen Botengang machen oder auf eine manuelle Beschäftigung umschalten
- die Mittagspause konsequent auch zur Erholung nutzen
- wenn Sie es einrichten können, während des Energietiefs am Nachmittag oder frühen Abend ein Nickerchen machen – das wirkt Wunder!

Mit dem Pausieren verhält es sich wie mit dem Wassertrinken während eines Marathonlaufs: frühzeitige und regelmäßige Zufuhr in kleinen Mengen bringt das beste Resultat. Verpassen Sie hingegen die eine oder andere Verpflegungsstelle, nimmt die Leistung rapide ab, und am Ende torkeln Sie nur noch ins Ziel. Vermeiden Sie fortan geistige Dehydrierung und pausieren Sie, bevor es so weit kommt!

ZUR SELBSTREFLEXION
1. Pausiere ich bisweilen mit schlechtem Gewissen, weil ich mich von falschen Heldenmythen antreiben lasse?
2. Merke ich, dass sich bei fehlenden Pausen falsche Überlegungen, Fehler und unbedachte Zusagen häufen?
3. Bin ich bereit, mir während vier Wochen ein konsequentes Pausenregime zu verschreiben, um herauszufinden, was es für Körper, Geist und Seele bewirkt?

18 Flow anstreben

Je besser Sie sich konzentrieren können, umso häufiger werden Sie Flow erleben. Und zwar besonders dann, wenn Sie sich in eine einzige Aufgabe vertiefen können und sicherstellen, dass Sie dabei nicht unterbrochen werden. Aber auch bei ungestörtem Multitasken kann sich Flow einstellen.[14]

Im Flow geht die Konzentration mühelos, Sie sind völlig von Ihrem Tun absorbiert, Sie vergessen die Zeit und sich selbst, Sie sind entspannt und geistig wach, und es fließt – ein wunderbares Gefühl!

Nicht nur auf einer anspruchsvollen Kletterroute, beim Spielen eines schwierigen Gitarrenstücks oder während einer kniffligen Schachpartie kommt es zu Flow-Erfahrungen – am häufigsten wird Flow bei der Arbeit erlebt. In diesen schönen und zuweilen beinahe magischen Momenten scheint die Bearbeitung einer anspruchsvollen Aufgabe wie von selbst zu gehen.

Fürs Flow-Erleben eignen sich vor allem Aktivitäten, welche die Möglichkeit zur Verbesserung und zur Steigerung bieten. Und verbessern und steigern lässt sich beinahe jeder Prozess – vom aktiven Lesen und Bearbeiten eines Lehrbuchtextes über das flinke und fehlerlose Tippen bis hin zum Einsatz in einem Tennismatch oder jeder anderen Aufgabe, bei der Sie ganz bewusst versuchen, Ihr Bestes zu geben.

Um Flow zu erleben, müssen jedoch die Bedingungen für gute Konzentration stimmen: Es braucht innere und äußere Ruhe, Interesse und Liebe zur Sache und eine Aufgabe, die den Geist im richtigen Maß fordert. Das heißt, der Schwierigkeitsgrad und das Tempo sollten derart bemessen sein, dass Sie die Aufgabe bei voller Konzentration *gerade schaffen*.

Wenn Sie Flow erleben wollen, sollten Sie

- für innere und äußere Ruhe sorgen (→ Kap. 3 sowie Kap. 2)
- möglichst viel Regelmäßigkeit – einen guten Rhythmus und gute Pausengewohnheiten – und damit Ruhe in den Tagesablauf bringen (→ Kap. 17)
- die Aufgabe derart gestalten, dass Sie wirklich gefordert sind – am besten mithilfe eines konkreten Nahziels (→ Kap. 7)

- mit Interesse, Offenheit und einer positiven Einstellung an die Arbeit gehen
- versuchen, das Beste zu geben, das Ihnen an diesem Tag möglich ist – nicht mehr (das Beste aller Zeiten) und nicht weniger (die Minimalanforderungen knapp erfüllen)
- wenn nötig, das Know-how verbessern (→ Kap. 22)
- auf *entspannte* Konzentration achten
- und sich immer wieder auf die Freude am Tun besinnen.

Im entspannten Zustand und vor allem im Flow arbeitet unser Gehirn sehr *ökonomisch*. Wir ermüden weniger schnell, weil nur die wirklich nötigen Bereiche des Gehirns aktiviert werden. Dies allein wäre schon ein wichtiger Grund, gute Bedingungen für Flow zu schaffen. Der größte Gewinn des Flows liegt jedoch auf der emotionalen Ebene. Denn Flow-Erlebnisse werden als sehr angenehm empfunden und zeigen sich als Glücksgefühl, als tiefe innere Zufriedenheit oder bisweilen gar als Euphorie. Warum? Mihaly Csikszentmihalyi, der Begründer der Flow-Theorie, erklärt dies mit der *Ordnung im Bewusstsein*. Bei hoher Konzentration und im Flow sind unsere Aufmerksamkeit, unser Denken, unser Wünschen und Wollen ganz auf die Aufgabe fokussiert. Diese Bündelung gleicht einem geordneten Fließen in dieselbe Richtung und diese Kohärenz vermittelt das *Gefühl der inneren Harmonie*.

ZUR SELBSTREFLEXION

1. Wie oft erlebe ich das harmonische Gefühl des Flows bei der Arbeit oder beim Lernen?
2. Welche meiner Verhaltensweisen verhindern häufigere Flow-Erlebnisse?
3. Wie gut kann ich dem Arbeitsprozess selbst (und nicht nur dem Endresultat) Freude abgewinnen?

Ganz bei der Sache sein – Schlussbetrachtung Teil II

Es kann durchaus sein, dass Sie beim Lesen des letzten Kapitels in den Flow geraten sind. Flow ist Konzentration in ihrer schönsten Form. Es ist die Belohnung für den geübten Geist, der sich geduldig vertiefen kann und sich nicht ablenken lässt.

In diesem zweiten Teil ist es um das Ganz-bei-der-Sache-Sein gegangen, darum, konzentriert am Tun dranzubleiben. Im Folgenden möchte ich auf zwei ganz unterschiedliche Voraussetzungen dafür zurückkommen, und zwar auf das Interesse sowie auf die Selbstbeobachtung. Mir liegt daran, dass Sie noch etwas mehr darüber erfahren. Denn Interesse und Selbstbeobachtung sind nicht nur Prämissen für gute Konzentration; sie tragen auch wesentlich zur Arbeits- und Lebensfreude sowie zur persönlichen Entwicklung bei. Im Anschluss werde ich Ihnen die Begrenzung des Arbeitsgedächtnisses und seine Folgen aufzeigen. Und zu guter Letzt wird es nochmals um Pausen, Erholung und Ausgleich gehen, denn es soll Ihnen klarer werden, *wovon* Sie sich überhaupt erholen müssen.

Interesse lässt sich auf verschiedenen Ebenen entwickeln

Interesse ist *das* Wundermittel für gute Konzentration. Es gibt kaum etwas, das die Aufmerksamkeit besser bindet als Interesse an der Sache. Und dieses lässt sich entwickeln. Denn Interesse bedeutet nichts anderes, als eine Beziehung zu einer Sache zu schaffen, sie besser zu kennen und positive Gefühle aufzubauen.

Das Gute ist, dass wir gleich auf verschiedenen Ebenen Interesse entwickeln können: zum einen auf der inhaltlichen Ebene, auf der Ebene des Themas. Was Sie tun können, um ein Thema mehr zu mögen, haben Sie bereits erfahren (→ Kap. 15).

Zum anderen lässt sich Interesse auch auf der Prozessebene, das heißt auf der Ebene des Vorgehens und der Ausführung wecken. Dieses Interesse kann man *Vorgehensinteresse* nennen. Wenn Sie zum Beispiel Ihre Konzentration verbessern wollen und spielerisch neue Methoden und Vorgehensweisen ausprobieren und damit experimentieren, wird Ihr Vorgehensinteresse von selbst erwachen.

Des Weiteren können Sie Interesse auf der Ebene der Selbstbeobachtung und der Selbststeuerung aufbauen. Auch hier entwickelt sich das Interesse mit dem Tun. Je aktiver Sie werden, desto interessanter wird die Selbstbeobachtung.

Ganz unabhängig davon, auf welcher Ebene Sie Interesse entwickeln: Mit mehr Interesse wird Ihnen die Konzentration in jedem Fall leichterfallen. Anders gesagt: Wenn Sie sich mit einer Thematik nicht anfreunden können, versuchen Sie es mit der Entwicklung von Vorgehensinteresse. Oder setzen Sie auf systematische Selbstbeobachtung. Die Konzentration wird auch so besser werden. Mehr noch, Sie werden bald merken, dass das Interesse auch auf die inhaltliche Ebene überspringt und das Thema plötzlich interessanter wird.

Gute Konzentration beginnt mit Selbstbeobachtung[15]

Wenn Sie einen Moment im Lesen innehalten und an Ihre Konzentration während der letzten halben Stunde denken: Waren Sie voll beim Thema, waren Sie ab und zu abgelenkt oder gar ziemlich zerstreut? Wie viele Punkte würden Sie sich auf einer Skala von 1 (ungenügend) bis 5 (sehr gut) für Ihre Konzentration geben?

In einem meiner Seminare mussten die Studierenden während vier Wochen systematisch auf ihre Konzentration in den verschiedenen Vorlesungen achten und jeweils abends die entsprechenden Punkte sowie zusätzliche Beobachtungen in ein Protokollblatt eintragen.

Im Laufe der vier Seminarwochen zeichnete sich bei den engagierteren unter den Teilnehmern eine Entwicklung ab: Ihre Beobachtungen wurden von Woche zu Woche differenzierter, die Tagebucheinträge wurden länger – und ihre Konzentration nahm zu. Eine Studentin beschrieb es so: »Interessant finde ich vor allem das Phänomen, dass sich bereits durch genaues

Beobachten und tägliches Aufschreiben die Konzentrationsfähigkeit deutlich verbessert hat.«

Wie ist dieser regulierende Effekt der Selbstbeobachtung zu erklären?

Wenn wir die Aufmerksamkeit immer wieder auf eine ganz bestimmte Sache richten – wie im obigen Fall auf die Konzentration während der Vorlesung –, nehmen wir unser Verhalten *bewusster* wahr. Wir merken eher, wenn wir in Gedanken gerade ganz woanders sind, und können die Aufmerksamkeit rasch wieder auf die Aufgabe lenken.

Sich öfter im Auge zu behalten heißt auch, achtsamer zu werden und Gefühle oder das körperliche Befinden besser wahrzunehmen: Sie hören am frühen Morgen beim Verlassen des Hauses die Vögel zwitschern. Bei der Arbeit nehmen Sie die vielen kleinen Freuden beim konzentrierten Tun bewusster wahr. Sie merken überhaupt Veränderungen in der Stimmung besser oder spüren, wenn Anspannung aufkommt oder die Konzentration nachlässt. Und Sie realisieren eher, wenn der Kopf, oder genauer gesagt das Arbeitsgedächtnis, überlastet ist.

Die begrenzte Kapazität des Arbeitsgedächtnisses

Das Arbeitsgedächtnis ist *die* zentrale Aufmerksamkeits-, Denk- und Steuerungsinstanz des Hirns. Auch das Kurzzeitgedächtnis ist ein Teil davon. Die Kapazität des Arbeitsgedächtnisses ist – im Gegensatz zum Langzeitgedächtnis – *begrenzt*. Man kann sich das Arbeitsgedächtnis wie den Arbeitsspeicher im Computer vorstellen. Alles, was wir bewusst wahrnehmen, denken, fühlen und verarbeiten, passiert in diesem Prozessor. Doch dessen Speicherplatz ist arg limitiert.

Sie stoßen bereits an diese Grenze, wenn Sie versuchen, mehr als fünf bis sieben Dinge für den Einkauf im Kopf zu behalten oder einen längeren Satz in einer Fremdsprache wortwörtlich nachzusprechen.

Die Verarbeitungskapazität des Arbeitsgedächtnisses liegt in der Größenordnung von 16 bit pro Sekunde. Der Informationsfluss beim Lesen beträgt jedoch etwa 45 bit pro Sekunde. Deshalb kann oft nicht die ganze Information, die in einem Text drin steckt, verarbeitet werden. Es sei denn, Sie schalten Denkpausen ein oder lesen den Text mehr als einmal durch. Sie sehen nun, warum zum Beispiel Musik beim Lesen eines Textes stört. Selbst wenn Sie nur mit halbem Ohr hinhören, benötigt auch dies Speicherkapazität.

Machen wir uns also klar: Beim Lernen, Denken sowie bei jeglicher Art von Kopfarbeit stößt die Kapazität des Arbeitsgedächtnisses an seine Grenzen. Wegen dieser Begrenzung können wir nur einen einzigen gedanklichen Schritt auf einmal ausführen. Je schwieriger eine Aufgabe ist, desto störender sind zudem Geräusche und Ablenkungen, aber auch Ängste und innere Unruhe. Denn auch Letztere beanspruchen Arbeitsgedächtniskapazität, die dann für die eigentliche Aufgabe nicht mehr verfügbar ist. Sie kennen diese Erfahrung wohl von Prüfungen her.

Auch Medienkonsum belastet das Arbeitsgedächtnis. Bilder und vor allem Filme generieren einen sehr viel höheren Informationsfluss als ein Text. So liegt der Informationsfluss beim Fernsehen bei 1 000 000 bit pro Sekunde. Unsere Sinnesorgane können zwar solche Mengen an Information aufnehmen, aber das Hirn kann sie nicht verarbeiten und ist bald schon überlastet.

Dies führt bei übermäßigen Multitaskern, wie man sie zum Beispiel unter manchen Schülern oder Studenten findet, zu negativen Folgen.[16] Zum einen sind bei ihnen die Gedächtnisleistungen schlechter. Zum anderen leidet die Fähigkeit, wichtige von unwichtiger Information zu unterscheiden. Dazu kommt der für manche überraschende Befund, dass übermäßige Medienmultitasker weniger rasch von einem Task auf einen anderen wechseln können als ihre moderateren Kollegen.

Sinnvoll ist Multitasking dann, wenn wir dadurch produktiver werden und die Qualität der Leistung ebenfalls stimmt. Dies ist beim souveränen Multitasking der Fall, nicht aber bei dem, was ich unvernünftiges Multitasking nenne (→ Kap. 12).

Souveränes Multitasking ist jedoch anstrengend. Es braucht oft wenig bis zur Überlastung des Arbeitsgedächtnisses. Typische Zeichen dafür sind häufigere Fehler, Stress sowie das Gefühl des Getriebenseins. Und es gibt dazu noch subtilere Hinweise: Wir reagieren emotionaler und empfindlicher, sind rascher frustriert, und selbst bei einfachen Dingen fällt es uns schwer, Entscheidungen zu treffen. In anderen Worten: Die Verhaltenssteuerung funktioniert bei überlastetem Arbeitsgedächtnis nicht mehr richtig.

Besonders fatal ist, dass diese Kontroll- und Steuerfunktionen, die Selbstbeobachtung sowie die Aufrechterhaltung von Motivation und Willenskraft als Erstes leiden. Wenn wir zu viel im Kopf haben, wenn wir gestresst oder ermüdet sind, gehen die Vorsätze unter, wir haben die Dinge nicht mehr voll im Griff und laufen nur noch auf Autopilot.

Zwar lassen sich in diesem Zustand Routinetätigkeiten trotzdem erledigen, wir geraten aber in einen reaktiven Modus. Das heißt, wir handeln impulsiv statt überlegt, sind ungeduldig, schieben eher auf und die Arbeitsdisziplin leidet überall.[17] Statt ganz bei einer Sache zu sein, sind wir geistig stets schon bei der nächsten, wir hören am Telefon nur halb hin, lesen die E-Mails nicht mehr richtig und erledigen auch die anderen Dinge eher flüchtig.

Um sich wieder zu sammeln, ist eine Pause angesagt!

Pausen, Ausgleich und Erholung

Wann haben Sie das letzte Mal so richtig gefaulenzt? Haben gedöst, im Café an der Sonne gesessen oder sind herumgeschlendert? Haben den lieben langen Tag kaum etwas gemacht – und es erst noch genossen?

Selbst wenn Sie in Ihrer momentanen Lebensphase bloß von solcherlei gänzlich freien Tagen träumen können: Wer intensiv arbeitet, braucht Pausen. Mit Pausen meine ich Minuten oder Stunden, aber auch Tage oder Ferienwochen, in denen Sie ausklinken können, ohne ans Büro oder an die Prüfungsvorbereitung zu denken, ohne E-Mails checken zu müssen oder das Gefühl zu haben, Sie könnten sich wegen der vielen Arbeit keine freie Stunde leisten.

Es braucht Pausen, um abzuschalten, um sich zu entspannen und den Kopf wieder frei zu bekommen. Um für Ausgleich zu sorgen und sich zu erholen. Und um darüber nachzudenken, wo Sie im Leben stehen und was Sie wollen.

Die Beanspruchungen können ganz unterschiedlich sein. Je nachdem, ob bei Ihnen Stress, Ermüdung, Monotonie oder Frustration vorherrschen, braucht es Erholung oder Ausgleich. Wie Sie die jeweilige Situation am besten angehen, möchte ich Ihnen im Folgenden darlegen:

Reizüberflutung und Stress. Bei Reizüberflutung und Stress gilt es als Erstes, innerlich und äußerlich zur Ruhe zu kommen. Dies ist nicht einfach, denn der Drang nach noch mehr Reizen ist im angespannten Zustand groß. Meiden Sie jedoch zusätzliche Reize. Suchen Sie bewusst erst einmal Ruhe und Entspannung in einer reizarmen Umgebung:[18] in der Natur, am Wasser oder durch symbolische Verarbeitung (Basteln, Malen, Tagebuchschreiben oder ruhige Beschäftigung in Haus oder Garten). Bedenken Sie: Nach einer stressigen Periode braucht es immer zunächst eine Entspannungsphase, bevor überhaupt an Erholung und Ausgleich zu denken ist.

Ermüdung. Nicht nur körperliche Arbeit ermüdet,

auch die mentalen und emotionalen Ressourcen können erschöpfen. Tanken Sie nach einer anstrengenden Phase neue Energie, indem Sie viel schlafen, der Muße frönen oder spazieren gehen. Erst wenn Ihnen danach ist, sollten Sie sich noch mehr bewegen, um auch für körperlichen Ausgleich zu sorgen: Gehen Sie wandern, schwimmen, oder fahren Sie Rad. Wählen Sie eine Bewegungsart, die Ihnen Spaß macht und Ihre Erholung unterstützt.

Monotonie und Routine. Wenn Sie Ihre Arbeit als langweilig empfinden, brauchen Sie als Ausgleich geistige oder körperliche Herausforderung. Sorgen Sie für Abwechslung und Inspiration, indem Sie zum Beispiel eine neue Sportart ausprobieren, sich ein spannendes Hobby zulegen, die Wohnung renovieren, ein neues Land kennenlernen oder sich einen anderen animierenden Traum erfüllen.

Frustration und Unsicherheit. Ist Ihre berufliche Situation unsicher, leiden Sie unter einem schlechten Betriebsklima, oder haben Sie zu wenig menschliche Kontakte? Dann ist emotionaler und sinnstiftender Ausgleich angesagt: familiäres, freundschaftliches oder kameradschaftliches Zusammensein, gemeinsame Unternehmungen oder Mannschaftssportarten. Suchen Sie nach Herausforderungen, die Erfolgserlebnisse vermitteln und helfen, Distanz zu gewinnen. Extrem- und Risikosportarten sowie sportliche Wettkämpfe wären eine Option. Eine andere Möglichkeit sind Einsätze, bei denen Sie unter Menschen sind und zum Gemeinwohl beitragen können.

Fragen Sie sich, was ihnen guttut, erspüren Sie Ihre Bedürfnisse. Wo auch immer diese liegen: Versuchen Sie, bei der Entspannung und Erholung ebenfalls ganz dabei zu sein. Schalten Sie einen Gang herunter, beschränken Sie gezielt Ihre Erreichbarkeit und organisieren Sie sich so, dass Sie kein schlechtes Gewissen haben müssen, weil Sie doch noch die Wäsche bügeln oder für die Prüfung lernen müssen. Die großen und die kleinen Pausen sollen genauso einen festen Platz in Ihrem Alltag haben wie die beruflichen und privaten Aktivitäten.

Nicht nur Pausen, sondern die ganze Lebensführung beeinflusst unsere Fähigkeit zur Konzentration. Wie Sie zu einem konzentrierteren Lebensstil finden können, erfahren Sie im kommenden dritten Teil.

Teil III

Mehr Konzentration in den
Alltag bringen

19 Mails & Co. besser in den Griff bekommen

Welche der folgenden Aussagen trifft für Sie ganz, teilweise oder überhaupt nicht zu:

- Ich öffne die Mailbox häufiger als stündlich, ganz egal, ob ich im Büro, unterwegs oder zu Hause bin.
- Die Messages beantworte ich oft sofort, obwohl ich eigentlich an einer anderen Aufgabe bin.
- Ich bin telefonisch fast immer erreichbar, was mich manchmal stresst.
- Meine stete Erreichbarkeit führt zu Ärger in meinem Umfeld.

Selbst wenn Sie den Aussagen nur teilweise zustimmen: Wenn Sie Ihre Konzentration verbessern wollen, ist es ratsam, die Neigung zu begierigem Verhalten zu überdenken und Mails & Co. wieder besser in den Griff zu bekommen.[19]

Denn wie bei so vielen Verhaltensweisen, die Selbstkontrolle und Disziplin erfordern, verblassen auch hier gute Vorsätze in intensiven Phasen. Unter hoher Belastung und bei Stress – ob bei der Arbeit oder emotional – ist es schwieriger, Versuchungen zu widerstehen. So wie manche unter Stress öfter naschen, geben andere den Verlockungen der digitalen Medien und der Gier nach neuen Reizen öfter nach. Sie wissen jetzt auch, warum: Selbstkontrolle benötigt das Arbeitsgedächtnis, doch dessen Kapazität ist in Belastungssituationen bereits ausgereizt und die Selbstbeherrschung lässt so zu wünschen übrig.

Dazu kommt noch der soziale Druck, also die Erwartungen des Umfeldes nach steter Erreichbarkeit und sofortiger Reaktion.

Dabei ist doch gerade das Geniale an der E-Mail, dass sowohl der Zeitpunkt des Lesens als auch der Zeitpunkt des Beantwortens frei gewählt werden kann. Auf diese Freiheit sollten Sie sich wieder besinnen! Selbst wenn Sie in Ihrem Umfeld nicht ganz aus dem Rahmen fallen wollen, liegt es an Ihnen, vernünftige und klare Grenzen zu setzen. Die ständige Erreichbarkeit führt zu reaktivem Verhalten und nachweislich auch zu Stress.[20] Und Stress verursacht nicht nur Fehler; er verdirbt vor allem auch die Lebensqualität.

Um E-Mails und Anrufe wieder besser in den Griff zu bekommen, sollten Sie

- den reaktiven Modus vermeiden und zuerst die anstehende Arbeit organisieren (→ Kap. 5), bevor Sie die Mailbox öffnen
- sich für die Mails fixe Zeiten vornehmen und die Primetime für schwierigere Aufgaben frei halten
- die Beantwortung von Anfragen, die eine Teilnahme oder ein anderes zusätzliches Engagement erfordern, erst einmal überschlafen
- die Abwesenheitsmeldung öfter nutzen
- mit den Kollegen Mail-Regeln festlegen
- die Erreichbarkeit auch in der Freizeit eingrenzen und sich konsequent an Regeln halten, wie z.B. ab 19 Uhr die Mailbox im Büro nicht mehr öffnen oder während des Essens keine Anrufe entgegennehmen
- E-Mail-freie Tage einführen, z.B. am Sonntag, und dann auch keine privaten Messages lesen oder beantworten
- sich an einem solchen Tag wieder einmal darauf besinnen, was im Leben wirklich wichtig ist (→ Kap 23).

Manchmal muss man sich selbst Regeln verordnen, wie man sie den eigenen Kindern vorgeben würde. Wenn Sie sich daran halten, werden sich Ihre Nächsten freuen, weil Sie wieder präsenter sind. Und auch Sie selbst werden Ihre neue Freiheit zu schätzen wissen.

ZUR SELBSTREFLEXION
1 Spüre ich die erhöhte Ablenkbarkeit und die Gier nach zusätzlichen Reizen, wenn ich gestresst bin?
2 Bei welchen Aufgaben unterbreche ich mich öfter selbst, um E-Mails zu checken?
3 Sage ich eher Nein, wenn ich eine Anfrage erst überschlafe?

20 Mit sich allein sein können

Der Mensch ist ein soziales Wesen und braucht Kontakt zu anderen. Nicht dabei zu sein und nicht dazuzugehören macht oft Angst. Ist man allein, können Langeweile und unangenehme Gefühle aufkommen. Um dies zu verhindern, lenken sich viele durch Hintergrundmusik, TV und andere Medien ab. Manche Zeitgenossen sind beinahe süchtig nach Unterhaltung und menschlichen Kontakten. Sie bringen es kaum fertig, für Aufgaben, die eigentlich volle Konzentration erfordern, das Telefon auszuschalten, Messages später zu lesen und sich für eine oder zwei Stunden nicht ablenken zu lassen. Einmal ganz mit sich allein zu sein.

Konzentration auf Anspruchsvolles erträgt jedoch keine Ablenkungen von außen. Ob im Hörsaal, im Büro oder am Arbeitsplatz zu Hause – wir müssen lernen, uns ganz bewusst für eine bestimmte Zeit vom Umfeld abzukoppeln. Es gilt, gleichsam die Rollläden herunterzulassen und – in welcher Umgebung auch immer – mit uns allein zu sein und uns zu sammeln.[21] Nur so können wir die Aufmerksamkeit ungeteilt auf die Vorlesung oder auf unsere Arbeit lenken und uns ganz darin versenken.

Fragen Sie sich, was Ihnen wichtiger ist: sich voll auf *Ihre* Sache zu konzentrieren oder jederzeit und überall als Anlaufstelle für *andere* zu dienen. Ungestört der Vorlesung zuzuhören und das Gehörte fortwährend geistig zu verarbeiten oder sich am Arbeitsplatz ganz in eine wichtige Aufgabe zu versenken, sollte Ihnen wichtiger sein als der spontane Drang eines Kollegen, Sie etwas zu fragen oder eine Sache zu kommentieren.

Wenn Sie lernen wollen, sich abzusetzen und eine Weile mit sich allein zu sein, sollten Sie

- zwischen sozialer Zeit und Konzentrationszeit unterscheiden und die beiden nicht vermischen
- im Voraus festlegen, wann und für wie lange Sie sich abkoppeln wollen
- anderen gegenüber klare Grenzen ziehen und Ihre Zeitinseln vor Störungen und Unterbrechungen schützen
- sich einen besser geeigneten Platz fürs konzentrierte Tun aussuchen (→ Kap. 21)

- das Alleinsein nicht nur auf Aufgaben, die Ihre volle Konzentration erfordern, beschränken, sondern auch ein Stück Freizeit für sich allein genießen, einem Hobby nachgehen, Tee trinken, spazieren oder joggen gehen
- auf eine gute *Balance* von Alleinsein und Zusammensein achten und sowohl das eine als auch das andere pflegen.

Mit sich allein sein können ist lernbar und soll für Sie zur guten Gewohnheit werden. Es mag Ihnen zunächst ungewohnt erscheinen, sich im Hörsaal oder während bestimmter Zeiten am Arbeitsplatz ganz bewusst und konsequent von der Umgebung abzukoppeln. Doch Sie werden den Nutzen bald erkennen, denn die Resultate werden sich verbessern und ebenso Ihre Fähigkeit zur Konzentration.

Dazu kommt noch etwas anderes: Das Alleinsein ermöglicht Ihnen, sich beim Tun zu beobachten, sich besser zu spüren, Ihr Befinden bewusster wahrzunehmen und auch zu reflektieren. Wenn Sie diese Qualität entdeckt haben, sind Sie gern mit sich allein. Sie genießen es, sich auf Anspruchsvolles zu konzentrieren oder in Muße zu verweilen, während die Rollos eine Weile geschlossen sind. Denn Sie spüren, dass Ihnen das Alleinsein zu mehr Ruhe, Gelassenheit und innerer Stabilität verhilft.

ZUR SELBSTREFLEXION
1 Merke ich, wie schwierig es ist, mich von anderen abzukoppeln und mich auf mein eigenes Tun zu konzentrieren?
2 Wann vermeide ich im Hörsaal/am Arbeitsplatz/zu Hause das Alleinsein?
3 Was hindert mich daran, auch mal einige freie Stunden für mich allein zu genießen?

21 Bessere Gewohnheiten etablieren

Erinnern Sie sich an Pawlows berühmtes Experiment mit dem Hund? Jedes Mal, bevor der Verhaltensforscher dem Hund das Futter vorsetzte, ließ er eine Glocke ertönen. Das Tier *assoziierte* nach einigen Durchgängen den Glockenton mit seiner Fütterung und reagierte mit erhöhtem Speichelfluss. So war der Hund nach einigen Wiederholungen auf den Glockenton *konditioniert*. Die Glocke wirkte dabei als *Stimulus*.

Durch Konditionierung können Dinge, die eigentlich nichts miteinander zu tun haben, verknüpft werden: Ein Glockenton kann Speichelfluss auslösen, die Melodie aus der Werbung kann die Lust auf Schokolade wecken und die stille Leseecke kann die innere Sammlung erleichtern. Dieses Phänomen der Konditionierung können wir nutzen, um uns *neue Gewohnheiten*, wie z. B. bessere Konzentration, anzueignen.[22]

Mangelnde Konzentration ist zumeist mit einem *Ort* assoziiert, also z. B. mit dem Schreibtisch oder mit dem gewohnten Bereich im Hörsaal. Wenn Sie sich fortan besser konzentrieren wollen, sollten Sie sich deshalb einen *neuen* Platz aussuchen oder zumindest den gewohnten Platz neu gestalten. Denn eine andere Umgebung oder ein neues Ritual können als Stimulus für gute Konzentration wirken. Zumindest dann, wenn Sie am neuen Ort *mit aller Konsequenz* darauf achten, sich auch wirklich zu konzentrieren, selbst wenn es bloß für einige Minuten ist.

Konsequenz ist der Schlüssel zur erfolgreichen Konditionierung. Warum? Im Hirn müssen die neu entstandenen neuronalen Verbindungen *stabilisiert* werden. Bei fehlender Konsequenz passiert dasselbe, wie wenn Sie Ihrem Hund ein einziges Mal einen Bissen vom Esstisch geben: Er wird immer wieder betteln, und die schlechte Gewohnheit ist ihm kaum mehr abzugewöhnen.

Wenn Sie sich bessere Konzentration angewöhnen wollen, sollten Sie

- einen neuen ›Denkplatz‹ schaffen, sich auf die andere Seite Ihres Tisches setzen oder Ihren Arbeitsplatz neu gestalten – je mehr Sie verändern, desto besser

- mehrere Stimuli einsetzen, z.B. den neuen Ort, eine fixe Uhrzeit, einen bestimmten Geruch, ein Triggerwort oder ein kleines Ritual
- den Start am Vorabend visualisieren (→ Kap. 9)
- die Assoziation mit dem Stimulus eintrainieren und sich nach dem Stimulus so lange voll konzentrieren, wie es geht – auch wenn es bloß fünf Minuten sind
- sobald die Konzentration nachlässt, den Platz verlassen
- die Konzentrationsspanne kontinuierlich ausweiten (→ Kap. 16)
- auf das gute Gefühl am Ende achten und sich dafür gratulieren
- weiter üben, bis das Ganze zu einem eingeschliffenen Automatismus wird
- wachsam bleiben – die alte Gewohnheit kann rasch wiederkommen!

Bei der Konditionierung gilt das Prinzip »Alles oder nichts«. Entweder sind Sie konsequent, oder Sie schaffen es nicht. Sie kennen dieses Phänomen vom Üben des Zehnfingersystems her. Wer ab und zu einen falschen Finger benutzt, stört den Automatismus, der sich im Verlaufe des Trainings aufbaut. Das Gehirn darf nur eine einzige – die richtige – Verhaltensweise kennen. Jedes Mal, wenn wir ins alte Verhalten zurückfallen, werden die falschen neuronalen Verbindungen wieder gestärkt. Bleiben Sie also konsequent! Es lohnt sich.

ZUR SELBSTREFLEXION
1. Ist mir klar, warum ich mich am Schreibtisch neben Telefon und PC nicht gut vertieft konzentrieren kann?
2. Habe ich verstanden, warum ich den neuen Denkplatz verlassen muss, wenn ich in schlechte Gewohnheiten zurückfalle?
3. Ist mir bewusst, wie rasch sich alte Gewohnheiten wieder einschleichen können?

22 Das Know-how verbessern

Je schwieriger eine Aufgabe, desto schwerer fällt es uns oft, konzentriert dranzubleiben. Denn statt eine Vielzahl mikro-kleiner Erfolge zu erleben, stößt man immer wieder auf neue Hindernisse und erfährt in kurzer Zeit eine Menge Frust. Dies kostet mentale und emotionale Energie. Und mit schwindender Energie nimmt die Gefahr zu, abzuschweifen oder aufzugeben.

Wenn Sie sich überlegen, welche Aufgaben besonders frustrierend sind, kommt Ihnen wahrscheinlich das Erarbeiten von Studienstoff oder das Lesen von schwierigen Lehrbuchkapiteln in den Sinn. Als noch unbefriedigender haben Sie möglicherweise das Verfassen von Seminararbeiten und Berichten erlebt. Im Büro ist es vielleicht die Umstellung auf eine neue Software, die nervt, oder eine knifflige Kundenanfrage, die auf Englisch oder Französisch beantwortet werden muss.

Geht man den Frustrationen nach, stellt man fest, dass diese gleich auf zwei verschiedenen Ebenen entstehen: Die Aufgaben sind nämlich nicht nur inhaltlich, auf der Ebene des ›Was‹, anspruchsvoll, man stößt oft auch beim ›Wie‹, d.h. auf der Ebene der Fertigkeiten und des Know-hows, an seine Grenzen. Und wenn es an den notwendigen Kompetenzen fehlt, sind Frust und Konzentrationsprobleme vorprogrammiert.

Dabei leuchtet es zwar jedem ein, dass man ein Softwareprogramm beherrschen muss, um bei der Arbeit zügig voranzukommen. Auch ist es klar, dass mit besseren Sprachkenntnissen das Schreiben in einer Fremdsprache müheloser wird. Dass man seine Grundfertigkeiten für das Verfassen von Protokollen und Seminararbeiten gezielt verbessern könnte, fällt indes nur wenigen ein, ebenso wie die Verbesserung der Lese- und der Lernstrategien.

Wenn Sie sich auch bei schwierigen Aufgaben gut konzentrieren wollen, hilft es enorm, das notwendige Know-how zu verbessern, indem Sie

- sich z.B. für die Korrespondenz in der Fremdsprache eine Sammlung von Mustersätzen und Redewendungen anlegen, nachdem Sie sich im Internet und in Büchern schlaugemacht haben

- bei der Einarbeitung in eine Software den Ehrgeiz haben, sie am Ende derart zu beherrschen, dass Sie Kollegen weiterhelfen können – Gespräche mit kenntnisreichen Usern, Manuals und Internet helfen dabei
- sich im Internet und in der Bibliothek Anleitungen für Ihre Schreibaufgabe beschaffen und darin nach nützlichen Tipps und Ideen suchen
- sich mit besseren Lese- und Lernstrategien befassen und sich darüber mithilfe von Büchern schlauermachen.[23]

Für manche braucht es Überwindung, sich auf ein Buch übers Lernen, Schreiben oder eine andere Grundkompetenz einzulassen. Besonders dann, wenn man sich zu diesen Tätigkeiten überwinden muss, mag man sich nicht noch vertieft damit befassen. Umso mehr ist dann die Lektüre ein Augenöffner! Das zusätzliche Wissen wirkt sofort, es macht Lust aufs Ausprobieren und hilft enorm, das Know-how zu verbessern.

Solches Können ist wie das Öl in einem Getriebe. Mit besserem Know-how läuft eine Aufgabe wie geschmiert. Und je besser man etwas kann, desto mehr hat man auch Freude daran. Man fühlt sich souveräner und reagiert auch bei Hindernissen flexibler, statt frustriert zu sein. Und die Konzentration? Die ist überhaupt kein Thema mehr!

ZUR SELBSTREFLEXION
1 Wie stark neige ich dazu, die Dinge so anzupacken, wie ich sie schon immer getan habe?
2 Bei welchen Aufgaben, die mir schwerfallen, könnte die Verbesserung des Know-hows Erleichterung bringen?
3 Habe ich auch schon erlebt, wie schön es ist, wenn man etwas wie ein Profi kann?

23 Die Prioritäten klären

Haben Sie zu viel am Hals? Fühlen Sie sich deshalb oft hin und her gerissen? Neigen Sie dazu, die Dinge unachtsam zu erledigen, statt ihnen Ihre volle Aufmerksamkeit zu schenken?

Hier hilft die Klärung der großen Prioritäten. Denn wenn Sie Ihre Schwerpunkte klären, schaffen Sie Strukturen, die Sie im Großen und im Kleinen vor Unkonzentriertheit und Verzettelung schützen.

Beim Priorisieren geht es darum, die Dinge nach ihrer Wichtigkeit zu ordnen. Doch was ist wichtig? Wichtig sind Ihre mittel- und längerfristigen Ziele, Ihre Wünsche und Ihr Wollen. Es sind diejenigen Vorhaben und Aufgaben, die beruflich und privat bedeutsam sind und zu Ihrer Entwicklung beitragen. Diese Dinge wollen erst einmal ausgelegt sein.

Nach der Auslegeordnung gilt es, sorgfältig abzuwägen, was von den längerfristigen Vorhaben an erster Stelle kommt. Dies ist der springende Punkt. Denn nicht alles kann höchste Priorität haben. Steht dann die tragende Struktur der Pyramide fest, lassen sich auch die kleineren Dinge besser einordnen.

Um die täglichen Aktivitäten auf diese Struktur abzustimmen, will dazu noch Wichtiges von Dringendem unterschieden sein. Denn längst nicht alles, was dringend daherkommt, ist wichtig! Im Prinzip lassen sich sämtliche Aktivitäten einer der vier folgenden Kategorien zuteilen: 1. wichtig und dringend; 2. wichtig, aber nicht dringend; 3. dringend, aber nicht wichtig, sowie 4. nicht dringend und nicht wichtig.[24]

Sie können Ihre Prioritäten klären, indem Sie
- für sich allein oder mit einer vertrauten Person darüber sinnieren, was Sie im Hinblick auf die nächste Lebensphase anstreben, und auch, was Sie *nicht* wollen
- notieren, wo Sie in einem Jahr in den fünf Dimensionen ›Familie und Freundschaften‹, ›Beruf‹, ›Haushalt‹, ›Gesundheit und Wohlbefinden‹ sowie ›Interessen, Hobbys und persönliche Entwicklung‹ sein möchten
- Ihre jeweiligen Prioritäten in diesen Dimensionen festlegen und aufschreiben

- sowohl Ihre großen Prioritäten als auch Ihre alltäglichen Aktivitäten nach Wichtigkeit und Dringlichkeit unterscheiden, indem Sie für jede der vier Kategorien ein Feld skizzieren und die Dinge eintragen
- sich vor Augen halten, was diese Unterscheidung von Wichtigem und Dringlichem in Ihrem Alltag bedeutet, und konkret festlegen, was Sie fortan besser machen wollen
- für kritische Situationen hilfreiche Regeln entwickeln
- bei der Umsetzung immer wieder Rückschau halten, Fortschritte feststellen und Korrekturen einleiten.

Sind die Prioritäten im Großen und im Kleinen geklärt, gilt es, dranzubleiben und sie im Alltag umzusetzen. Was Vorrang hat, soll derart verinnerlicht sein, dass es auch in hektischen Zeiten nicht vergessen geht. Regeln wie »Die Primetime für schwierige und ungeliebte Aufgaben frei halten« oder »Während des Essens keine Anrufe entgegennehmen« helfen dabei.

Bedenken Sie: Nicht das, was Sie sich vornehmen, spiegelt Ihre Prioritäten wider, sondern das, was Sie tagtäglich tun.

ZUR SELBSTREFLEXION

1. Angenommen, ich würde während einer Woche sämtliche Aktivitäten auflisten, und ein Freund würde die Liste analysieren. Welche Prioritäten würde er feststellen?
2. Wenn ich die vier genannten Lebensdimensionen betrachte: Welches sind meine momentanen Prioritäten? Welches sind die Prioritäten, wenn ich an mein Leben in zehn Jahren denke?
3. Ist mir klar, dass sich bei Veränderungen auch die Prioritäten verschieben und neu überdacht werden müssen?

24 Die Kunst des Weglassens kultivieren

Vielbeschäftigte haben nie genügend Zeit. Selbst wenn sie ihren Prioritäten Vorrang geben und sich darauf fokussieren, ist der Kopf oft noch zu wenig frei für gute Konzentration. Wer sich auf eine große Prüfung vorbereitet, eine Lizenziatsarbeit schreibt oder ein neuartiges Projekt durchziehen muss, kennt die Situation. Doch auch weniger wichtige, alltägliche Aktivitäten können zu viel Zeit und Aufmerksamkeit in Anspruch nehmen. Dies besonders dann, wenn man zum Perfektionismus neigt.

Was tun Sie, wenn Sie für die Prüfung ein 400-seitiges Lehrbuch studieren müssen? Meinen Sie, Sie müssten es Seite für Seite durcharbeiten und alles perfekt beherrschen? Oder gehen Sie das Werk mit gesundem Minimalismus an, blättern die Seiten durch und entscheiden bereits zu Beginn, welche Kapitel bearbeitet, welche bloß gelesen und welche gleich weggelassen werden wollen?

Der Erfolg eines Projekts wird oft schon zu Beginn entschieden. Je klarer Sie wissen, was Sie wollen und was nicht, je mehr Sie auf Firlefanz verzichten und auf Einfachheit setzen, umso besser können Sie sich auf das Wesentliche konzentrieren. Doch aufgepasst: Bei aktiven und kreativen Menschen kommen rasch wieder neue Ideen dazu und ein Zuviel davon kann die Sache erneut verkomplizieren. Aus den Pellkartoffeln wird im Nu ein Menü mit fünf Gängen und spätestens dann ist eine Denkpause angesagt.

Was lässt sich vereinfachen? Was lässt sich ganz weglassen? Äußerst hilfreich ist hier das Pareto-Prinzip. Diese Regel besagt, dass mit 20 Prozent des Aufwands bereits 80 Prozent des Ergebnisses erzielt werden können. Es bedeutet auch, dass man in 20 Prozent des Lehrbuchs 80 Prozent des Wissens findet, dass man in 20 Prozent der Zeit die Wohnung zu 80 Prozent aufräumen kann oder dass sich sogar im Büro mit 20 Prozent des richtigen Aufwands bisweilen 80 Prozent des Resultats erzielen lassen.

Bei derartig radikalem Reduzieren müssen nicht nur Perfektionisten über den eigenen Schatten springen. Es gilt auch für andere Vielbeschäftigte, ihre Abläufe und Gewohnheiten zu hinterfragen. Dies erfordert geistige Offenheit für Vereinfachungen und den Mut zur Lücke.

Üben Sie sich in der Kunst des Weglassens, indem Sie
- sowohl Ihre alltäglichen Aufgaben als auch Ihre prioritären Projekte durchgehen und überlegen, wo es Vereinfachungspotenzial gibt
- bei aufwendigen Projekten die 80/20-Regel anwenden – sich überlegen, welches die kritischen Faktoren sind und was Sie von Anfang an weglassen wollen
- eine Not-to-do-Liste machen, auf der Sie sämtliche Aktivitäten, auf die Sie fortan verzichten wollen, notieren
- die Liste täglich durchgehen und wenn nötig revidieren
- besser Neinsagen lernen, indem Sie Anfragen nie spontan beantworten, sondern überschlafen
- Ihre Kreativität für einmal im Vereinfachen und Weglassen ausleben und Routineaufgaben in dieser Richtung standardisieren.

Vereinfachen und Weglassen ist eine Kunst, die kultiviert sein will wie ein Pflänzchen, das aufgezogen werden muss. Sie werden dabei erfahren, dass Weglassen längst nicht immer Verzicht bedeutet. Meistens sorgt sogar bereits die klare Entscheidung, etwas Bestimmtes wegzulassen, für ein Gefühl der Erleichterung.

ZUR SELBSTREFLEXION
1. Mit welchen 20 Prozent der Tipps in diesem Buch könnte ich in meiner momentanen Lern- und Arbeitssituation 80 Prozent Wirkung erzielen?
2. Bei welchen Aufgaben und Verpflichtungen könnte ich mit dem Vereinfachen und Weglassen beginnen?
3. Was käme bei mir schon mal ganz spontan auf die Not-to-do-Liste?

Mehr Konzentration in den Alltag bringen – Schlussbetrachtung Teil III

»Sind Sie wirklich den ganzen Tag voll konzentriert?«, fragte mich ein TV-Moderator anlässlich der Promotion der spanischen Ausgabe dieses Buchs etwas skeptisch. »Natürlich nicht!«, entgegnete ich, und meine spontane Reaktion schien ihn zu verblüffen. Da es im Buch Kapitel für Kapitel um die Verbesserung der Konzentration geht, schloss er wohl daraus, man müsse sich den ganzen Tag am Riemen reißen und dürfe geistig nie auf Freilauf schalten. So ist es natürlich nicht gemeint.

Was aber durchaus gemeint ist – und dies ist sowohl im Studium als auch bei der Arbeit im Büro oft das eigentliche Problem –, ist *die volle Hingabe*. Das heißt, wenn ich arbeite oder lerne, dann bin ich voll und ganz, mit Kopf und Herz, dabei. Ich mache keine halben Sachen und lasse mich auch nicht ständig ablenken. Und wenn ich pausiere, bin ich ebenfalls voll dabei und kann die freien Minuten oder die freien Stunden genießen, ohne ein schlechtes Gewissen zu haben oder stets daran denken zu müssen, was es noch alles zu erledigen gibt.

Je anspruchsvoller die Kopfarbeit, desto notwendiger ist ein gesundes Gleichgewicht von Intensität und Pause, von Anstrengung und Ausgleich. Dies möchte ich Ihnen nochmals ans Herz legen. Die intensiven Stunden geistiger Arbeit wollen ausgeglichen sein. Es braucht Pausen und es braucht auch einfachere Aktivitäten, bei denen Sie die Gedanken frei schweifen lassen und auch mal tagträumen können. Joggen zum Beispiel oder Routinetätigkeiten in Haus und Garten eignen sich wunderbar, um wieder zu sich zu kommen. Zumindest dann, wenn Sie dabei nicht hetzen.

Was die Klärung der Prioritäten bringt

In diesem dritten Teil ist es vor allem um das gegangen, was einen konzentrierten Lebensstil ausmacht: um die großen Prioritäten, um bessere Gewohnheiten und auch darum, hin und wieder mit sich allein zu sein. Spätestens dann, wenn Sie in einer Situation sind, in der Sie zu viel am Hals haben und in puncto Belastung an Ihre Grenzen stoßen, ist es wichtig, sich Zeit zu nehmen und Ihr Tun aus einer größeren Perspektive zu betrachten und die Prioritäten zu klären. Sich bewusst zu machen, was Ihnen in den verschiedenen Lebensbereichen am wichtigsten ist und auch, was Sie weglassen können.

Wenn wir keine klaren Prioritäten setzen, geben wir immer wieder momentanen Impulsen nach. Dies führt nicht nur zu Verzettelung, es macht uns auch zum Opfer äußerer Umstände. Sind uns hingegen unsere Prioritäten klar und haben wir sie auch verinnerlicht, sind sie wie Leitgestirne. Sie weisen uns die Richtung und verhindern, dass wir vom Weg abkommen. Wir geraten zudem weniger in Zielkonflikte, weil wir wissen, was uns wirklich wichtig ist und was wir längerfristig wollen.

Auf die Entwicklung besserer Gewohnheiten werde ich noch zurückkommen. Vorher möchte ich einen zusammenfassenden Blick auf den Gesamtinhalt des Buchs werfen.

Wofür Sie am besten Ihre Kräfte einsetzen

Sie haben nun während der Lektüre eine Vielzahl von Maßnahmen für bessere Konzentration kennengelernt. Diese lassen sich vier Bereichen zuordnen:
- Für innere und äußere Ruhe sowie genügend Erholung sorgen (→ Kap. 1 bis 4, 17, 20).
- Unterstützende Strukturen schaffen (Rhythmus, persönliche Organisation, Planung, Regeln, Routine, Gewohnheiten und Ausdauer) (→ Kap. 5, 6, 11 bis 14, 16, 19, 21, 24).
- Konkrete Ziele setzen und Prioritäten klären (→ Kap. 7, 23).
- Interesse und Liebe zur Sache entwickeln, die Attraktivität einer Aufgabe erhöhen (→ Kap. 7, 8, 9, 15, 18, 22).

In den ersten beiden Bereichen geht es um die Schaffung von Bedingungen, welche die Konzentration erleichtern. In den Bereichen drei und vier kommen die

Gefühle ins Spiel. Es geht darum, die Motivation zu steigern und die Anziehungskraft der Aufgaben zu vergrößern und eine Sogwirkung zu erzielen. Ist dieser Sog erst einmal vorhanden, fällt es uns bedeutend leichter, die volle Aufmerksamkeit auf die Sache zu richten.

Die Palette an Möglichkeiten für die Verbesserung der Konzentration ist also groß, doch Hand aufs Herz: Haben Sie schon etwas davon ausprobiert? Oder machen Sie es so, wie ich es bei meinen Studenten oft beobachtet habe: Man lässt sich durch die Lektüre inspirieren, findet viele der Vorschläge interessant, aber kann sich nicht dazu bewegen, auch nur einen einzigen Tipp wirklich auszuprobieren. Man geht zur Tagesordnung über und beißt höchstens noch etwas mehr auf die Zähne, weil man sich bei der Lektüre des Lehrbuchs oder beim Verfassen eines Berichts besser konzentrieren möchte. Doch die Willenskraft ist nun mal begrenzt. Sparen Sie sich diese für etwas Besseres!

Statt sich mit eiserner Disziplin zusammenzunehmen, nutzen Sie Ihre Energien besser, indem Sie mit günstigeren Vorgehensweisen experimentieren und Bedingungen schaffen, welche die Konzentration erleichtern. Anders ausgedrückt: Schärfen Sie besser die Säge, statt mit stumpfem Werkzeug weiterzumachen.

Hin zu guten Gewohnheiten

Wenn Sie sich nämlich erst einige Male überwinden konnten, zum Beispiel für eine mühsame Aufgabe ein konkretes und herausforderndes Nahziel festzulegen, werden Sie diese Strategie nicht mehr missen wollen. Oder wenn Sie verschiedene Arten von Ohrenstöpseln ausprobiert haben, werden Sie es lieben, akustisch auszuklinken, um sich wie in einem Kokon ganz in Ihre Aufgabe zu vertiefen. Sie werden bei jedem Versuch erhellende Entdeckungen machen und Erfolgserlebnisse haben. Achten Sie ganz bewusst auf diese kleinen Freuden. Dies wird Ihnen Schwung für weitere Versuche geben.

Beginnen Sie mit den Verbesserungen dort, wo Sie sich die größte Wirkung versprechen. Behalten Sie Ihre Konzentration im Auge und verbessern Sie sich Schritt um Schritt. Bleiben Sie dran, bis eine Verhaltensweise zur Routine und dann zur Gewohnheit geworden ist und Sie diese ganz automatisch anwenden. Die Mühe lohnt sich.

Gewohnheiten laufen automatisch ab, wie das Zähneputzen. Das heißt, Sie müssen sich nicht jedes Mal bewusst dafür entscheiden oder viel Willen und Energie aufwenden. Sie tun es einfach. Sie legen zum Beispiel schon am Vortag fest, woran Sie in der Früh arbeiten werden. Sie nutzen die Primetime automatisch für die schwierigsten Aufgaben. Sie öffnen die Mailbox zu ganz bestimmten Zeiten und kommen vorher gar nicht erst in Versuchung. Und Sie können sich darauf verlassen, dass Sie sich dreimal wöchentlich körperlich bewegen und dass der Sonntag ganz dem Privatleben gehört. Der Affe im Kopf ist damit nicht nur gezähmt, sondern auch geschult und gut trainiert.

Mit höherer Konzentrationsfähigkeit fällt uns alles leichter. Die Arbeit macht mehr Spaß, wir erleben öfter Flow und die Resultate sind deutlich besser. Dazu kommt, dass ein konzentrierter Lebensstil uns hilft, auch im Alltag aufmerksamer zu sein und mit offeneren Sinnen durchs Leben zu gehen. Wir nehmen die Realität bewusster wahr, wir machen reichere Erfahrungen und gewinnen dadurch an Lebensqualität.

Das digitale Zeitalter mit den vielen Ansprüchen und Verlockungen macht uns die Konzentration jedoch nicht leicht. Es gilt immer wieder mal gegen den Strom zu schwimmen und sich stets von Neuem den Herausforderungen zu stellen. Ich hoffe, ich habe Ihnen dazu Anregung geben können.

Der Ball liegt nun bei Ihnen. Ich wünsche Ihnen den nötigen Schwung und viel Erfolg!

Und noch etwas: Gerne möchte ich von Ihnen persönlich wissen, was das Buch bei Ihnen bewirkt hat, welche Erfahrungen Sie gemacht haben und ob Sie Anregungen für eine nächste Auflage haben. Schreiben Sie gleich jetzt! Ich freue mich auf Ihre Rückmeldung. Ebenso wird es René Lambert freuen, wenn Sie seine Cartoons kommentieren.

verena.steiner@explorative.ch; www.explorative.ch
grafik.lambert@bluewin.ch

Dank

Kompakte Texte haben es in sich, und ich bin meinem Mann Karl Mülly für die erste Durchsicht dankbar. Ein herzlicher Dank gebührt auch meinen Nichten Barbara Hauenstein und Eva Erdin. Sie haben das Rohmanuskript aus Studentinnensicht auf seinen Nutzen, seine Verständlichkeit und auf die logische Abfolge geprüft und damit sowohl der ursprünglichen Fassung (Barbara) als auch der vorliegenden, erweiterten Ausgabe (Eva) zu mehr Klarheit verholfen. Das professionelle Lektorat der früheren Fassung verdanke ich Katrin Eckert, dasjenige der vorliegenden, erweiterten Ausgabe Ulrike Gallwitz. Die beiden Frauen vom Pendo Verlag haben dem Ganzen zu einem besseren sprachlichen und strukturellen Schliff verholfen, und ich danke ihnen für die stets fruchtbare und erfreuliche Zusammenarbeit. Einen ganz besonderen Dank verdient Illustrator René Lambert. Die Diskussionen mit ihm waren jeweils ein Quell der Inspiration, ebenso wie sein Sinn für Humor. Bestechend sind auch seine Liebe zur Sache und seine Sorgfalt in der Ausführung. Seine Figuren machen Freude – bei jedem Anblick neu!

Literaturhinweise und Anmerkungen

1 Aufmerksamkeit kann als gesteigerte Aufnahmebereitschaft betrachtet werden. William James, der Begründer der modernen Psychologie, schrieb 1890 zur Aufmerksamkeit: »Jeder weiß, was Aufmerksamkeit ist. Sie ist das Besitzergreifen durch den Verstand, in einer klaren und lebhaften Form.« Siehe: James, W. (1890). *The Principles of Psychology*. (Bd. 1 und 2). New York: Holt.

2 Wie lässt sich ›Konzentration‹ definieren? In der *kognitiven Psychologie* ist ›Konzentration‹ – im Gegensatz zur ›Aufmerksamkeit‹ – ein weitgehend ignoriertes Konzept. Kommt der Begriff ›Konzentration‹ einmal vor, wird er oft synonym mit ›Aufmerksamkeit‹ verwendet. Doch Konzentration umfasst mehr, denn sie hängt nicht nur von kognitiven Prozessen, sondern auch von motivationalen, volitionalen, emotionalen sowie physisch-energetischen Bedingungen ab. Das heißt, Konzentration auf eine anspruchsvolle Aufgabe erfordert neben den geistigen Voraussetzungen auch Motivation, Willen, eine positive Einstellung sowie genügend

Wachheit und Energie. Aus diesem Grund ist auch die folgende Definition aus der *Arbeitspsychologie* für unsere Zwecke unbefriedigend: »Konzentration ist die Fähigkeit, unter Bedingungen, die das Erbringen einer kognitiven Leistung normalerweise erschweren, schnell und genau zu arbeiten.« Siehe Schmidt-Atzert, L., Krumm, S., & Bühner, M. (2008). Aufmerksamkeitsdiagnostik. Ableitung eines Strukturmodells und systematische Einordnung von Tests. *Zeitschrift für Neuropsychologie*, 19 (2), 59–82.

Ergiebiger sind Recherchen auf dem Gebiet der *Sportwissenschaften*. Im gleich folgend zitierten Band findet man zwar auch keine einheitliche Definition der Konzentration, aber die Konstrukte berücksichtigen die vielfältigen Bedingungen für Konzentration. Zum Beispiel definieren die Herausgeber das Phänomen aus einer funktionalen Perspektive wie folgt: »Konzentration bezeichnet das Ausrichten und Abstimmen psychischer Strukturen und Prozesse im Sinne der Initialisierung und Ausführungsoptimierung einer Intention.« Siehe: Beckmann, J., Strang, H., & Hahn, E. (Hrsg.) (1993). *Aufmerksamkeit und Energetisierung. Facetten von Konzentration und Leistung.* Göttingen: Hogrefe.

3 Mit neuen Ideen und Methoden zu experimentieren macht nicht nur mehr Spaß; neue Vorgehensweisen ausprobieren und damit herumspielen schützt auch vor Frust und falschen Erwartungen. Wie man mit Verbesserungen in puncto Konzen-

tration und Lernen experimentieren kann, habe ich anderswo ausführlich beschrieben. Siehe: Steiner, V. (2013). *Exploratives Lernen. Der persönliche Weg zum Erfolg. Eine Anleitung für Studium, Beruf und Weiterbildung*. München: Pendo.

4 Manche Menschen hegen starke Vorbehalte gegen irgendwelche Formen von Gehörschutz; sie meinen oft, man höre dann gar nichts mehr. Es lohnt sich jedoch sehr, diese äußerst wirkungsvollen Hilfsmittel unvoreingenommen auszuprobieren. Wer Ohrenstöpsel aus Schaumstoff unbequem findet, kann im Internet unter dem Begriff ›Gehörschutz‹ verschiedene Alternativen finden. So hat sich z. B. der Kapselgehörschutz Pamir Peltor H4A in Schulen bewährt. Dazu gibt es Kopfhörer, welche die Außengeräusche elektronisch neutralisieren und so als Gehörschutz genutzt werden können, z. B. von Bose, Sennheiser oder der MDR 1 RNC von Sony.

5 Hallowell, E. M. (2005). Overloaded Circuits: Why Smart People Underperform. *Harvard Business Review*.

6 Mehr zur persönlichen Organisation siehe: Steiner, V. (2005). *Energiekompetenz. Produktiver denken, wirkungsvoller arbeiten, entspannter leben. Eine Anleitung für Vielbeschäftigte, für Kopfarbeit und Management*. München: Pendo.

7 Primetime sowie Tages- und Wochenstrukturen, die auf dem persönlichen 24-Stunden-Rhythmus basieren, erläutere ich in: Steiner, V. (2005). Siehe Anm. 6.

8 Ausführlicher ist die Methode des Nahzielsetzens

beschrieben in: Steiner, V. (2011). *Lernpower. Effizienter, kompetenter und lustvoller lernen. Die besten Strategien für Studium und Weiterbildung.* München: Pendo.

9 Rauscher, F. H., Shaw, G. L., & Ky, K. N. (1993). Music and spatial task performance. *Nature*, 365, 611.

10 Perham, N., & Vizard, J. (2011). Can preference for background music mediate the irrelevant sound effect? *Applied Cognitive Psychology*, 25, 4, 625–631.

11 Schober, R. (1989). *Nichts ist unmöglich mit Konzentration.* München: Delphin Verlag, S. 34.

12 Wer sich für die Kombinierbarkeit von Aufgaben sowie für mehr theoretische Aspekte des Multitaskens interessiert, dem sei folgendes Werk empfohlen: Salvucci, D. D., & Taatgen, N. A. (2011). *The Multitasking Mind.* New York: Oxford University Press. Die Autoren diskutieren auch das Kontinuum vom sequenziellen zum parallelen Multitasken ausführlich.

13 Zu neueren Ansätzen der pädagogisch-psychologischen Interessenforschung siehe: Krapp, A., & Prenzel, M. (Hrsg.) (1992). *Interesse, Lernen, Leistung.* Münster: Aschendorff.

14 Csikszentmihalyi, M. (1990). *Flow: Das Geheimnis des Glücks.* Stuttgart: Klett-Cotta.

15 Selbstbeobachtung erläutere ich umfassend in meinem Buch *Exploratives Lernen*, siehe 3.

16 Für eine kritische Betrachtung des Multitaskens sowie generell der Auswirkungen des Medienkonsums siehe: Spitzer, M. (2012). *Digitale Demenz. Wie*

wir unsere Kinder um den Verstand bringen. München: Droemer. Eine generelle, aber eher unkritische Abhandlung des Multitaskens bietet: Klingberg, T. (2008). *Multitasking. Wie man die Informationsflut bewältigt, ohne den Verstand zu verlieren*. München: C.H. Beck.

17 Baumeister, R., & Tierney, J. (2012). *Die Macht der Disziplin*. Frankfurt: Campus.

18 Wer achtsam ist, spürt die Wirkung einer reizarmen Umgebung sofort. Mittels EEG-Messungen konnte der beruhigende und aufbauende Effekt eines Stadtparks auch objektiv nachgewiesen werden. Siehe: Aspinali, P., Mavros, P., Coyne, R., & Roe, J. (2013). The urban brain: analysing outdoor physical activity with mobile EEG. *British Journal of Sports Medicine*. DOI: 10.1136/bjsports-2012-091877.

19 Mazmanian, M., Yates, J., & Orlikowsky, W. (2006). *Ubiquitous email: individual experiences and organizational consequences of blackberry use*. Proceedings of the 65th Annual Meeting of the Academy of Management, Atlanta, GA. Diese Studie zeigt das große Suchtpotenzial von Smartphones. 90 Prozent der User verspürten mehr oder weniger den unkontrollierten Drang, die Mails zu checken, auch in der Freizeit. Dennoch meinten sie, dies sei ihre freie Entscheidung. Ihr Bedürfnis, stets verbunden zu sein, verschleierte die negativen Auswirkungen auf die Work-Life-Balance.

20 Mark, G., Gudith, D., & Klocke, U. (2008). *The cost of interrupted work: more speed and stress*. Procee-

dings of the SIGCHI Conference on Human Factors in Computing Systems. New York: ACM. In dieser Untersuchung hatten die Probanden während fünf Tagen keinen E-Mail-Zugang. Die Messungen der Forscher ergaben, dass die Versuchspersonen weniger gestresst waren, weniger multitaskten und sich besser auf ihre Aufgaben fokussierten. In ihrem Paper schlagen die Forscher vor, Firmen sollten die E-Mails in zeitlichen Intervallen freigeben, zum Beispiel am frühen Morgen, nach dem Lunch und am frühen Abend.

21 Der Sozialpsychologe Erich Fromm definierte Konzentration als »die Fähigkeit, mit sich allein sein zu können, ohne zu lesen, ohne Radio zu hören, ohne zu rauchen oder zu trinken, ohne Ablenkungen«. Siehe: Fromm, E. (1956). *Die Kunst des Liebens.* Frankfurt am Main: dtv.

22 Zusätzliches Wissen über die Etablierung besserer Gewohnheiten findet sich in: Duhigg, Ch. (2012). *Die Macht der Gewohnheit. Warum wir tun, was wir tun.* Berlin: Berlin Verlag.

23 Bessere Lese- und Lernstrategien sind in meinen Büchern *Exploratives Lernen* (siehe Anm. 3) sowie *Lernpower* (siehe Anm. 8) erläutert.

24 Zitiert aus dem ›Klassiker‹, was Priorisierung betrifft: Covey, S. R. (2007). *Der Weg zum Wesentlichen.* Frankfurt am Main: Campus.

Anleitung zum Umdenken

Charles Duhigg
Die Macht der Gewohnheit
Warum wir tun, was wir tun

Aus dem Englischen von
Thorsten Schmidt
Piper Taschenbuch, 432 Seiten
€ 12,00 [D], € 12,40 [A]*
ISBN 978-3-492-30407-8

Gewohnheiten besitzen eine ungeheure Macht. Doch wie kommen sie zustande? Charles Duhigg beschreibt, warum einige Menschen es schaffen, über Nacht mit dem Rauchen aufzuhören (und andere nicht), weshalb das Geheimnis sportlicher Höchstleistung in antrainierten Automatismen liegt oder wie sich die Anonymen Alkoholiker die Macht der Gewohnheit zunutze machen. Charles Duhigg erklärt, wie gute Gewohnheiten eine Gesellschaft zusammenhalten – und wie man mit schlechten bricht.

PIPER

Leseproben, E-Books und mehr unter www.piper.de

»Ein ganz und gar ungewöhnliches Mathebuch.«

The Times

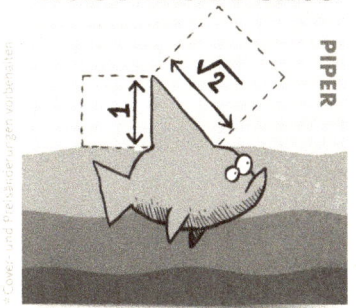

Alex Bellos

Im Wunderland der Zahlen

Eine mathemagische Reise

Aus dem Englischen von
Bernhard Kleinschmidt
Piper Taschenbuch, 480 Seiten
€ 12,99 [D], € 13,40 [A]*
ISBN 978-3-492-30414-6

Schweden lösen ihre Verkehrsprobleme mit Algebra, unser iPod spielt Lieder keineswegs »zufällig« ab, und ja, es gibt eine todsichere Methode, den Lotto-Jackpot zu knacken – Alex Bellos führt uns auf unterhaltsame Weise durch das erstaunliche Reich der Zahlen, und seine Begeisterung für die Mathematik ist hochgradig ansteckend.

Leseproben, E-Books und mehr unter www.piper.de

»Spannend, anschaulich und unterhaltsam.«

ZEIT online

Thomas Metzinger
Der Ego-Tunnel
Eine neue Philosophie des Selbst:
Von der Hirnforschung zur
Bewusstseinsethik

Aus dem Englischen von Thomas
Metzinger und Thorsten Schmidt
Piper Taschenbuch, 464 Seiten
€ 12,00 [D], € 12,40 [A]*
ISBN 978-3-492-30533-4

Unser »Selbst« existiert gar nicht. Das bewusst erlebte Ich wird lediglich von unserem Gehirn erzeugt. Dies beweisen, so der Philosoph und Bewusstseinsforscher Thomas Metzinger, die Erkenntnisse der aktuellen Hirn- und Bewusstseinsforschung. In einer Zeit, in der Hirnforschung, Wissenschaftskognitionen und Neuroethik so kontrovers diskutiert werden wie einst die Evolutionstheorie, eröffnet sein Buch einen faszinierenden Zugang zur Welt des menschlichen Geistes.

PIPER

Leseproben, E-Books und mehr unter **www.piper.de**

Wer weiß, wie leicht man sich irren kann, ist besser gewappnet

Rolf Dobelli

Die Kunst des klaren Denkens

52 Denkfehler, die Sie besser anderen überlassen

Piper Taschenbuch, 256 Seiten
€ 10,00 [D], € 10,30 [A]*
ISBN 978-3-492-31566-1

Unser Gehirn ist für das Leben als Jäger und Sammler optimiert. Heute leben wir in einer radikal anderen Welt. Das führt zu systematischen Denkfehlern – die verheerend sein können für unsere Finanzen, unsere Karriere, unser Glück. Rolf Dobelli nimmt die tückischsten »Denkfallen« unter die Lupe, in die wir immer wieder tappen.

»Ein Feuerwerk an Erkenntnis! Wer nicht ständig über Denkfallen stolpern will, muss dieses Buch lesen.«

Prof. Iris Bohnet, Harvard

Leseproben, E-Books und mehr unter www.piper.de